아하! 세계엔 이런 전쟁이 있었군요

아하! 세계 역사 ❸ 전쟁사

아하! 세계엔 이런 전쟁이 있었군요

1판 1쇄 발행 | 2008. 7. 31.
1판 9쇄 발행 | 2020. 8. 1.

지호진 글 | 김재일 그림

발행처 | 김영사
발행인 | 고세규
등록번호 | 제 406-2003-036호
등록일자 | 1979. 5. 17.
주　소 | 경기도 파주시 문발로 197(우 10881)
전　화 | 마케팅부 031-955-3102 편집부 031-955-3113~20
팩　스 | 031-955-3111

ⓒ 2008 지호진, 김재일
이 책의 저작권은 저자에게 있습니다.
서면에 의한 저자와 출판사의 허락없이 내용의 일부를 인용하거나 발췌하는 것을 금합니다.

값은 표지에 있습니다.
ISBN 978-89-349-3055-6 73900

좋은 독자가 좋은 책을 만듭니다. 김영사는 독자 여러분의 의견에 항상 귀 기울이고 있습니다.
전자우편 book@gimmyoung.com | 홈페이지 www.gimmyoungjr.com

어린이제품 안전특별법에 의한 표시사항

제품명 도서　제조년월일 2020년 8월 1일　제조사명 김영사　주소 10881 경기도 파주시 문발로 197
전화번호 031-955-3100　제조국명 대한민국　⚠주의 책 모서리에 찍히거나 책장에 베이지 않게 조심하세요.

아하! 세계 역사 ❸ 전쟁사

아하!
세계엔
이런 전쟁이
있었군요

지호진 글 | 김재일 그림

주니어김영사

작가의 말

"**국가 간의 전쟁도** 우리가 이웃과 다투는 것과 같은 이유로 시작되는 것이다." - 몽테뉴(프랑스의 사상가)

전쟁은 언제부터 시작되었을까요? 역사학자들은 인류가 언어를 사용하기 시작한 원시 시대부터 집단 간에 다툼을 벌였다고 해요. 이를 시작으로 인류는 문명을 발달시키고, 과학 기술과 산업을 일으키면서 지금 현대에 이르기까지 전쟁을 계속하고 있지요.

"인류가 존재하는 한 전쟁은 끊이지 않을 것이다." - 알베르트 아인슈타인(미국의 과학자)

전쟁은 왜 일어났을까요? 인간들은 영토·권력·자원·종교·사상 등 자기에게 중요한 것들을 지켜 나가고 차지하려고 해요. 그런데 이에 대한 의견이나 입장이 집단과 민족, 국가 사이에 서로 맞지 않고 이를 평화적으로 해결할 수 없을 때 전쟁이 일어나요.

"좋은 전쟁이란 없다. 또한 나쁜 평화라는 것도 없다." - 벤저민 프랭클린(미국의 정치가)

여러 이유와 목적으로 인류는 끊임없이 전쟁을 일으켜 왔어요. 인류 역사가 대부분 전쟁으로 얼룩져 있을 만큼 전쟁은 인류 역사에 엄청난 영향을 끼쳐 왔지요. 그 역사 속에는 수많은 민족과 국가와 사람들이 좋든 싫든 전쟁에 참여했어요. 그리고 세계는 그 어느 때보다 평화를 위해 노력하고 있지만 지금도 여전히 우리가 사는 세상은 전쟁이 계속되고 있어요.

    이 책은 고대 그리스와 페르시아의 전쟁, 알렉산드로스의 동방 원정, 당나라와 이슬람의 전쟁, 200년 이상이나 계속된 십자군 전쟁, 중세 서유럽의 주인공을 놓고 영국과 프랑스가 벌인 백년 전쟁, 노예 해방의 문제가 결정적인 승패를 좌우했던 미국의 독립 전쟁, 세계 수많은 국가들이 전쟁에 참여해 엄청난 생명을 앗아간 제1·2차 세계 대전 등 세계 역사의 흐름에 큰 영향을 끼친 전쟁들을 중심으로, 전쟁의 결정적인 장면, 원인과 결과, 진행 과정 등을 그림과 글로 엮어 세계 전쟁의 역사를 훑어볼 수 있게 구성했어요.

    《아하! 세계엔 이런 전쟁이 있었군요》를 통해 세계 역사 속에 벌어졌던 여러 전쟁에 대한 이야기뿐만 아니라 세계 역사에 대한 흥미와 지식을 넓히는 계기가 되길 바랄게요.

    더불어 전쟁을 통해 평화의 소중함을 우리 어린이들이 깨닫기를 바랍니다.

2008년 여름에 지호진과 김재일

차례

작가의 말 04

1. 추격하라! 동서양이 맞선 페르시아 전쟁 _____ 10
기원전 492년~기원전 449년
페르시아 제국 VS 그리스 도시 국가
전투 장면 : 살라미스 해전(기원전 480년)

2. 누가 그리스의 진정한 주인인가? 펠로폰네소스 전쟁 __ 17
기원전 431년~기원전 404년
아테네 VS 스파르타
전투 장면 : 아이고스포타미 전투(기원전 405년)

3. 기다려라! 내가 간다! 알렉산드로스의 동방원정 _____ 23
기원전 334년~기원전 323년
마케도니아-그리스 연합군 VS 페르시아 제국
전투 장면 : 가우가멜라 전투(기원전 331년)

4. 지중해는 우리 것이다! 포에니 전쟁 _____ 29
기원전 264년~기원전 146년
로마 VS 카르타고
전투 장면 : 자마 전투(기원전 202년)

5. 로마의 최고는 나다! 로마 권력 전쟁 35
기원전 60년~기원전 31년
안토니우스, 클레오파트라 연합군 VS 옥타비아누스의 로마 군
전투 장면 : 악티움 해전(기원전 31년)

6. 천하통일을 향해 깃발을 올려라! 삼국시대 전쟁 41
184~280년
조조 VS 유비, 손권 연합군
전투 장면 : 적벽대전(208년)

7. 비단길을 따라 세계 제국을 이루리라!
이슬람 세계와 당나라 전쟁 49
751년
당나라 VS 이슬람 연합군
전투 장면 : 탈라스 전투(751년)

8. 중세의 운명을 바꾼 십자군 전쟁 55
1096~1270년
서유럽의 기독교 국가 VS 이슬람 세력
전투 장면 : 제1차 십자군 원정(1099년)

9. 들리느냐! 천하를 뒤엎는 말발굽 소리가!
몽골의 세계 정복 전쟁 61
1206~1368년
몽골 VS 중국, 유럽, 고려, 일본 등
전투 장면 : 발슈타트 전투(1241년)

10. 서유럽은 내 것이다! 프랑스와 영국의 백년 전쟁 67
1337~1453년
프랑스 VS 영국
전투 장면 : 크레시 전투(1346년)

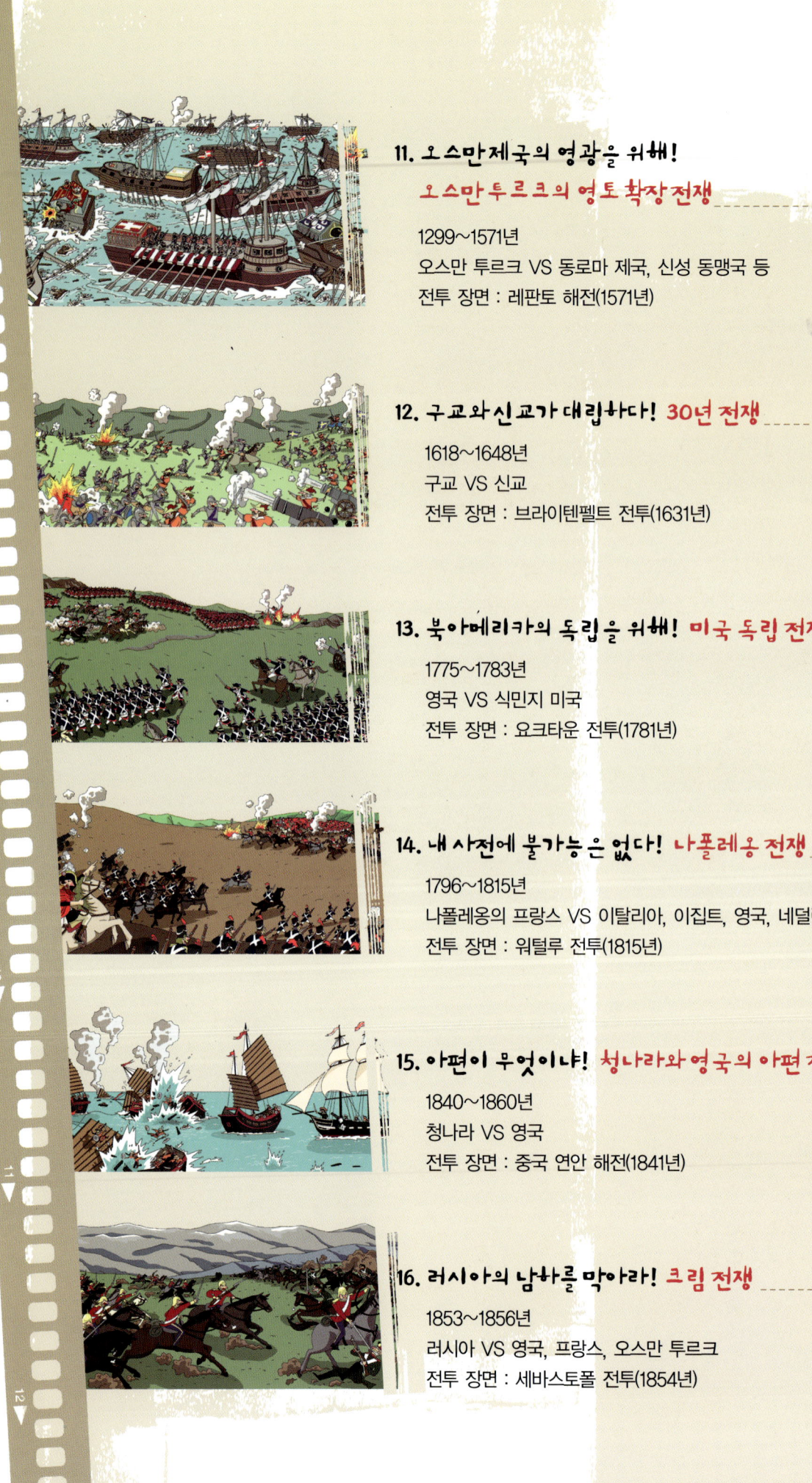

11. 오스만제국의 영광을 위해! 오스만투르크의 영토 확장전쟁 75
1299~1571년
오스만 투르크 VS 동로마 제국, 신성 동맹국 등
전투 장면 : 레판토 해전(1571년)

12. 구교와 신교가 대립하다! 30년 전쟁 83
1618~1648년
구교 VS 신교
전투 장면 : 브라이텐펠트 전투(1631년)

13. 북아메리카의 독립을 위해! 미국 독립 전쟁 89
1775~1783년
영국 VS 식민지 미국
전투 장면 : 요크타운 전투(1781년)

14. 내 사전에 불가능은 없다! 나폴레옹 전쟁 95
1796~1815년
나폴레옹의 프랑스 VS 이탈리아, 이집트, 영국, 네덜란드 등
전투 장면 : 워털루 전투(1815년)

15. 아편이 무엇이냐! 청나라와 영국의 아편 전쟁 101
1840~1860년
청나라 VS 영국
전투 장면 : 중국 연안 해전(1841년)

16. 러시아의 남하를 막아라! 크림 전쟁 107
1853~1856년
러시아 VS 영국, 프랑스, 오스만 투르크
전투 장면 : 세바스토폴 전투(1854년)

17. 노예 제도를 폐지하라! 미국 남북 전쟁 113
1861~1865년
남부 연합군 VS 북부 연합군
전투 장면 : 게티즈버그 전투(1863년)

18. 세계가 전쟁의 소용돌이 속으로! 제1차 세계 대전 ... 119
1914~1918년
동맹국(독일, 오스트리아, 헝가리, 오스만 투르크 등)
VS 연합국(프랑스, 영국, 일본, 러시아 등)
전투 장면 : 베르됭 전투, 솜 전투(1916년)

19. 경제 위기가 전쟁으로 번지다니! 제2차 세계 대전 .. 125
1939~1945년
동맹국(독일, 일본, 이탈리아) VS 연합국(영국, 프랑스, 소련, 미국 등)
전투 장면 : 진주만 공격(1941년), 노르망디 상륙 작전(1943년)

20. 여긴 우리 땅이야! 이스라엘과 아랍 국가의 대립
중동 전쟁 133
1948~1973년
이스라엘 VS 아랍 국가
전투 장면 : 1차 중동 전쟁(1948년)

21. 미국과 베트남이 맞붙은 베트남 전쟁 139
1964~1975년
베트남 VS 미국 등
전투 장면 : 설날 대전투(1968년)

**부록 - 앗! 재미있는
　　　　세계 전쟁 상식 33가지　145**

1 추격하라! 동서양이 맞선 페르시아 전쟁

(기원전 492년~기원전 449년)

기원전 550년, 키루스 대왕이 페르시아의 아케메네스 왕조를 건설했어요. 페르시아 인들은 키루스 대왕의 지휘 아래 동방 원정에 나섰지요. 그 후 다리우스 1세 때 대제국을 건설했는데, 그 지역은 어마어마했어요. 메소포타미아와 시리아, 지금의 터키 지역인 소아시아와 아라비아 반도, 이집트와 오리엔트 전 지역, 그리고 멀리 인더스 강 유역까지 정복했어요.

그러던 중 소아시아 이오니아 지방 사람들이 반란을 일으켰어요. 아테네를 비롯한 그리스 도시 국가들이 이오니아를 지지하며 도와줬어요. 다리우스 1세는 이때를 기다렸다는 듯 그리스를 공격했어요.

기원전 492년, 동양의 페르시아 제국과 서양의 그리스 도시 국가가 충돌하면서 페르시아 전쟁이 시작되었어요.

페르시아 전쟁의 운명을 결정한 살라미스 해전

기원전 480년 9월 24일 새벽녘, 800척이나 되는 페르시아의 대규모 함대가 그리스 아테네와 살라미스 섬 사이의 좁은 해협으로 들어섰어요.

"저기 그리스 함선이다! 추격하라!"

페르시아 함대가 전속력으로 그리스 함선을 추격했어요.

그 상황을 몰래 지켜보던 그리스 연합 함대의 지휘관 테미스토클레스가 큰 소리로 외쳤어요.

"페르시아 함대를 가로막아라! 그리스 함대의 실력을 보여 주자!"

그리스 함대가 갑자기 등장하자 페르시아 군대는 당황했어요. 살라미스의 좁은 해역에서 양측의 함대가 뒤엉켰어요. 결국 페르시아 함대는 300여 척이나 침몰되었고 수많은 병사들이 다치고 죽었어요. 이에 반해 그리스 함대는 고작 40여 척만이 침몰되었지요.

페르시아는 살라미스 해전에서의 패배로 10년에 걸친 전쟁에서 물러나야만 했어요.

1. 제1차 그리스 원정

(기원전 492년)

다리우스 1세는 그리스 도시 국가들이 이오니아 세력에게 도움을 주자, 이를 핑계로 그리스 원정길에 나섰어요. 대규모 군대를 이끌고 바다와 육지 양쪽으로 그리스 본토를 공격했어요. 하지만 때마침 불어온 폭풍으로 싸워 보지도 못하고 군사를 되돌려야 했어요.

2. 마라톤 전투와 제2차 그리스 원정 (기원전 490년)

다리우스 1세는 600척의 함대와 대군을 거느리고 다시 그리스를 공격했어요. 일주일 만에 에레트리아 시를 무너뜨리고, 이어 아테네를 공격하기 위해 마라톤 평원에 상륙했지요. 아테네는 스파르타에게 도움을 요청했어요. 그러나 스파르타는 종교 행사를 핑계로 지원병을 나중에 보내겠다고 했어요. 어쩔 수 없이 아테네는 마라톤 평원으로 나가 페르시아와 맞서 싸웠어요. 그 결과 페르시아는 6,400명에 달하는 병사를 잃었고, 다행히 아테네는 192명의 병사만 잃으면서 큰 승리를 거두었어요.

마라톤 전투에서 페르시아를 물리친 아테네의 승리 비결은?

아테네 군사들이 '이 전투에서 패하면 아테네는 멸망할지도 모른다.'는 생각에 비장한 각오로 전투에 임했기 때문이에요. 하지만 무엇보다 뛰어난 전술을 펼쳤기 때문이지요.

아테네는 중무장을 한 보병이 '밀집 대형'으로 적군을 공격했어요. 그것은 훈련된 보병들이 긴 창을 들고 빽빽하게 줄지어 늘어서, 좌우에 강한 병력을 세우고 중앙에는 약한 병력을 배치해 공격하는 것을 말해요. 결국 페르시아 군을 에워싸고 맹공격을 퍼부어 적군의 전열을 무너뜨릴 수 있었답니다.

3. 테르모필라이 전투 (기원전 480년)

다리우스 1세의 아들 크세르크세스 1세가 엄청난 대군을 이끌고 다시 그리스 정복에 나섰어요. 페르시아의 3차 그리스 원정이었지요. 페르시아 군대와 레오니다스 왕이 이끄는 스파르타의 군대가 테르모필라이에서 전투를 벌였어요. 스파르타의 군사는 겨우 300여 명이었고, 페르시아 군은 15만 명이나 되었지요. 스파르타는 용감하게 버텼지만 모두 전멸했어요.

4. 살라미스 해전 (기원전 480년)

스파르타 군대가 테르모필라이 전투에서 전멸당한 뒤, 페르시아 군대는 아테네로 진격했어요. 그러자 아테네 군대와 시민들은 바다에서 전투를 벌이기로 결정했어요. 페르시아 군대를 유인해 살라미스의 좁은 해역에서 해전을 벌였고, 결국 세 배나 되는 페르시아의 대규모 함대를 격파했답니다. 기원전 479년 페르시아가 다시 그리스를 공격했어요. 하지만 그리스 육군과 해군이 페르시아 군대를 물리쳤지요.

도편 추방제와 테미스토클레스

살라미스 해전을 승리로 이끈 영웅 테미스토클레스는 '도편 추방제'를 실시해 페르시아에 항복을 주장하는 사람들을 아테네에서 추방시켰어요.

도편 추방제란 시민들이 비밀 투표를 통해 나쁜 방법으로 권력을 얻어 지배자가 되려는 위험 인물을 국외로 추방하는 제도를 말해요. 깨진 도자기 조각에 추방할 사람의 이름을 적어 투표했지요. 테미스토클레스는 도편 추방제를 활용하여 권력을 얻었지만, 나중에는 자신도 추방을 당했어요.

페르시아 전쟁의 결과

페르시아 전쟁은 세계 역사 최초로 동양과 서양이, 다시 말해 동방의 강력한 통치자가 지배하는 세력과 시민들이 국가를 운영하는 서양 민주주의가 충돌한 전쟁이었어요. 전쟁에서 승리한 그리스는 가난한 시민도 정치에 참여하게 되어 민주 정치를 앞당겼고, 상업도 발달시켰어요.

전쟁 속 영웅이야기
마라톤 전투의 승리를 전하기 위해 42킬로미터를 달린 그리스 병사 페이디피데스

페르시아 제국의 다리우스 1세는 함대를 재정비하고 군사를 뽑아 전쟁을 준비했어요.

지난번에는 억세게 운이 나빠 그리스를 정복하지 못했지만 이번에는 꼭 정복하겠노라!

기원전 490년, 다리우스 1세는 다시 그리스 원정길에 나섰어요.

이번에는 에게 해를 건너 아테네로 향했고, 북동쪽의 한 평원에 이르렀어요. 바로 마라톤 평원이지요.

드디어 페르시아와 아테네가 맞붙었는데….

병사의 수가 훨씬 적은 아테네는 불리한 상황이었지만, 페르시아 군대를 골짜기로 유인해 이번에도 아테네가 승리했어요.

아테네 시민들에게 마라톤 전투의 승리 소식을 전하기 위해 한 병사가 아테네까지 약 42킬로미터를 달리고 또 달렸지요.

기뻐하라, 우리가 이겼노라!

병사는 소식을 전하고 그 자리에서 숨을 거두었어요. 그의 이름은 페이디피데스.

그의 죽음을 기리는 뜻에서 마라톤 경주가 생겼어요. 그 후 1924년 제4회 런던 올림픽 대회에서 마라톤 거리를 42.195킬로미터로 정식 채택했답니다.

2 누가 그리스의 진정한 주인인가? 펠로폰네소스 전쟁

(기원전 431년~기원전 404년)

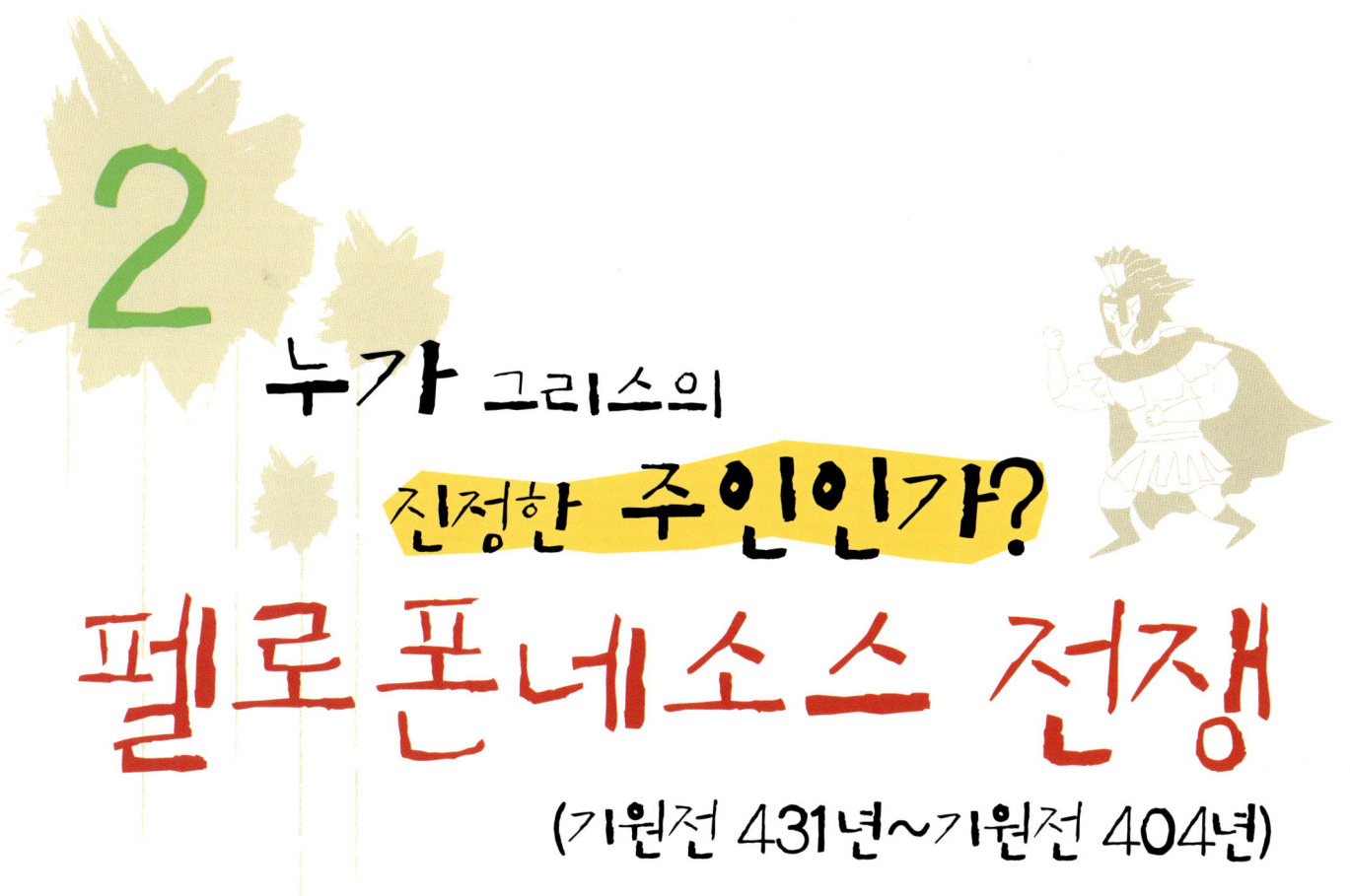

페르시아 전쟁을 승리로 이끈 그리스의 도시 국가 아테네! 아테네는 페르시아의 침략에 대비한다며 그리스 여러 도시 국가들과 동맹을 맺고 우두머리가 되었어요. 하지만 동맹에서 걷은 기금을 자기들 마음대로 아테네를 번영시키는 데 썼지요.

스파르타는 아테네가 그리스의 주인 행세를 하는 것이 불만이었어요. 그래서 스파르타는 그리스의 다른 도시 국가들과 동맹을 맺고, 아테네와 힘을 겨루었어요. 이 전쟁을 '펠로폰네소스 전쟁'이라고 해요.

스파르타와 아테네의 마지막 대혈투
아이고스포타미 전투

기원전 405년, 스파르타는 다르다넬스 해협의 람프사코스를 점령했어요. 그곳은 아테네가 페르시아의 침략에 대비해 에게 해 여러 나라와 맺은 '델로스 동맹'의 한 도시였어요.

108척의 아테네 함대가 스파르타를 막기 위해 아이고스포타미 강 하구로 급히 왔어요. 하지만 스파르타는 재빠르게 아테네를 공격해서 스파르타 육군이 도시로 밀려들었어요.

목숨을 건 마지막 대혈투가 벌어졌어요. 아테네 군은 더 이상 물러날 곳이 없었지요. 결국 아테네는 27년에 걸쳐 계속된 펠로폰네소스 전쟁에서 스파르타에게 지고 말았어요. 전쟁은 이렇게 막을 내렸답니다.

1. 스파르타의 공격으로 시작된
제1차 전쟁 (기원전 431년)

스파르타의 왕 아르키다모스가 육군을 거느리고 아테네를 공격했어요. 그러자 아테네의 장군 페리클레스는 성에 들어가 힘을 아끼는 전술을 폈어요. 이를 '농성 전술'이라고 해요. 상황은 아테네에게 유리했지만 전염병이 번지면서 휴전을 해야 했어요.

2. 아테네의 공격으로 시작된
제2차 전쟁 (기원전 415년)

아테네가 스파르타의 보급 기지인 시칠리아 섬을 차지하기 위해 200척의 함대를 이끌고 원정에 나섰어요. 원정군 함대의 지도자는 알키비아데스였는데 반대 세력의 모함으로 사형 결정이 내려지자 그는 스파르타로 망명해 아테네의 전쟁 계획을 알렸어요.

그리스의 두 도시 국가 아테네와 스파르타의 차이점

아테네는 이오니아 인들로 구성되었고, 스파르타는 도리아 인으로 구성되었어요. 아테네는 시민들이 직접 정치에 참여했지만, 스파르타는 소수의 귀족이 다수의 노예를 다스리는 정치를 펼쳤어요. 아테네는 해상 무역이 발달해 해군이 강했고, 스파르타는 어려서부터 엄격한 군사 교육을 시켜 육군이 강했지요.

3 아이고스포타미 전투
(기원전 405년)

스파르타는 그리스 전체의 적이었던 페르시아의 도움으로 함대를 결성했어요. 그러고는 아테네를 공격했어요. 스파르타가 아이고스포타미 전투에서 아테네 군을 크게 물리치자 델로스 동맹의 도시 국가들이 탈퇴했어요. 결국 아테네는 식량난과 쿠데타 등의 어려움을 겪다가, 기원전 404년 스파르타에 항복했어요.

아테네를 중심으로 뭉친 델로스 동맹

아테네를 중심으로 그리스 도시 국가들이 맺은 동맹이에요. 주로 소아시아 연안의 그리스 도시와 에게 해의 섬들로 구성되었어요. 본래 '제1차 아테네 해상 동맹'으로 불렸으나, 본부와 동맹 기금을 수납하는 금고가 델로스 섬에 있었기 때문에, 후에 '델로스 동맹'으로 바뀌었어요. 동맹에 가입한 도시 국가는 원칙적으로 함선을 내놓을 의무가 있었는데, 돈으로 대신할 수도 있었어요.

스파르타를 중심으로 뭉친 펠로폰네소스 동맹

스파르타를 우두머리로 하여 펠로폰네소스 반도의 도시 국가들이 맺은 동맹이에요. 스파르타가 여러 도시 국가들과 개별적으로 군사 조약을 맺으며 결성되기 시작했고, 아르고스를 제외한 모든 펠로폰네소스를 통합하는 도시 동맹으로 조직되었어요. 스파르타가 동맹군 지휘와 동맹 회의 소집 권한을 갖고 있었고, 전쟁의 결정은 전체 동맹 회의에서 했어요.

펠로폰네소스 전쟁의 결과

기원전 431년부터 시작된 펠로폰네소스 전쟁은 결국 스파르타가 기원전 404년 아테네를 이기면서 막을 내렸어요. 스파르타는 아테네를 무너뜨리고 일시적으로 전성기를 누렸지만 수준 높은 문화를 가진 아테네의 몰락은 결국 그리스 전체의 쇠퇴와 혼란을 가져왔어요. 물론 스파르타도 힘을 잃었지요.

전쟁 속 영웅이야기

아테네의 지도자 페리클레스와 알키비아데스의 운명

뭐라고? 스파르타가 아테네를 공격해?

아테네의 지도자이자 델로스 동맹을 이끌고 있는 페리클레스!

그는 군사령관에 14번이나 선출될 정도로 뛰어난 군인이자 정치가였어요.

이 기회에 스파르타를 완전히 제압하고 아테네가 그리스의 진정한 지배자가 되는 거야!

모든 도시의 성문을 굳게 닫고 스파르타의 공격을 막아라.

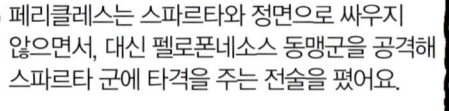

페리클레스는 스파르타와 정면으로 싸우지 않으면서, 대신 펠로폰네소스 동맹군을 공격해 스파르타 군에 타격을 주는 전술을 폈어요.

이 전술로 아테네는 전쟁에서 곧 이길 듯했어요. 그러나 아테네에 갑자기 페스트라는 전염병이 유행했어요.

수많은 사람들이 죽었고, 페리클레스도 병에 걸려 죽었지요.

스파르타에도 전염병이 돌기 시작했고, 결국 아테네와 스파르타는 휴전을 맺었어요.

기원전 415년, 아테네가 스파르타를 공격하기 위해 200척의 함대를 이끌고 원정에 나섰어요. 원정군 함대의 지도자는 알키비아데스.

그런데 알키비아데스의 반대 세력이 그에게 그리스 신상을 파괴했다는 누명을 씌웠어요. 곧 아테네 민중회의에서 사형 명령이 내려졌지요.

그러자 그는 스파르타로 망명하여 아테네의 원정 전략을 모조리 밝혔고, 결국 아테네는 원정에 실패했어요.

3 기다려라! 내가 간다!
알렉산드로스의 동방 원정
(기원전 334년~기원전 323년)

스파르타는 펠로폰네소스 전쟁에서 승리하여 그리스의 주인이 되었어요. 그러나 반란과 분열로 스파르타의 세력이 약해지자 그리스 도시 국가 중 하나인 테베가 스파르타를 공격했고 그리스의 주도권을 쥐었어요. 그리고 다시 마케도니아가 테베와 아테네의 연합군을 물리치고, 그리스 도시 국가의 우두머리가 되었어요.

필리포스 2세를 이어 마케도니아의 왕이 된 알렉산드로스 3세는 기원전 334년부터 마케도니아-그리스 연합군을 이끌고 동방 원정에 나섰어요. 차례로 동쪽의 나라들을 점령해 나갔고, 이란 고원을 거쳐 인도 북부의 인더스 강 유역까지 진출하여 유럽에서 아시아에 이르는 대제국을 건설했어요.

페르시아 제국을 멸망하게 한 가우가멜라 전투

기원전 331년 10월 어느 날, 티그리스 강 상류의 가우가멜라 평원에 수를 헤아리기 어려울 정도로 많은 군사들이 거대한 장벽을 이루고 있었어요. 그들은 알렉산드로스 군대의 침공을 막기 위해 페르시아 제국의 다리우스 3세가 24개국으로부터 끌어 모은 다국적군이었어요. 병력의 규모는 전차 부대를 포함해 20만 명. 반면에 알렉산드로스가 이끄는 군대의 규모는 보병 4만 명, 기병 7천 명이었지요.

마침내 전차 부대를 중심으로 길게 늘어선 페르시아 군대와 밀집 대형으로 선 알렉산드로스의 보병들이 맞붙었어요. 알렉산드로스가 이끄는 기병이 비스듬히 우측으로 이동하자 페르시아의 전차병과 기병이 이들을 따라 이동했어요. 알렉산드로스의 기병들이 이들을 물리치며 옆쪽과 뒤쪽을 공격하자 중앙에 틈이 생겼어요. 결국 대열이 깨지면서 페르시아 군대는 한순간에 와르르 무너졌어요.

가우가멜라 전투는 알렉산드로스 군의 승리로 막을 내렸고, 페르시아는 알렉산드로스의 손에 넘어갔어요. 이 전투는 세계 전쟁 역사상 최대 전투 중 하나였고, 동양과 서양이 벌인 전투 중에 가장 큰 규모였어요.

1. 그라니코스 강 전투
(기원전 334년)

보병 3만 명과 기병 5천 명, 함대 1백 60척을 이끌고 동방 원정에 나선 알렉산드로스! 그는 소아시아로 건너가 그라니코스 강변에서 페르시아 군대와 처음으로 전투를 벌였어요. 전투에 앞장선 알렉산드로스는 죽을 고비를 맞기도 했지만, 부하의 도움으로 무사히 구출되었고 결국 페르시아 군을 물리쳤어요. 이 전투의 승리로 소아시아 연안의 도시들이 모두 알렉산드로스를 따르게 되었어요.

2. 이수스 전투 (기원전 333년)

알렉산드로스 군대는 이번에는 소아시아 반도 남동쪽 끝 지점에 있던 이수스에서 페르시아 군대와 전투를 벌였어요. 이번에도 마케도니아와 그리스 연합군은 알렉산드로스의 뛰어난 작전과 군사들의 용맹함으로 페르시아 대군을 크게 물리쳤어요. 다리우스 3세는 왕비와 왕자들을 버리고 달아났지요.

휴전을 제안한 다리우스 3세

"만약 우리 페르시아를 공격하지 않는다면 그 조건으로 페르시아 제국의 절반과 3만 달란트의 금, 그리고 나의 딸을 주겠다."

페르시아의 다리우스 3세는 알렉산드로스에게 휴전을 제안했지만 알렉산드로스는 이를 거절하고 페르시아 정복에 나섰지요. 그러고는 가우가멜라에서 페르시아 대군을 크게 물리치고 마침내 페르시아를 점령했어요.

시리아와 이집트 점령

알렉산드로스는 다시 군대를 이끌고 페르시아 함대의 근거지인 티루스와 가자 등을 점령했고, 시리아와 페니키아를 정복한 다음 이집트를 공격했어요. 이집트를 점령한 뒤에는 나일 강 하구에 자신의 이름을 딴 알렉산드리아 라는 도시를 건설했어요.

이란 고원 정복과 인도 진출

알렉산드로스는 계속하여 바빌론, 수사, 페르세폴리스, 엑바타나 등 여러 도시를 점령했고, 다시 동쪽으로 원정에 나서 이란 고원을 정복한 뒤 인도의 인더스 강에 이르렀어요. 그러나 군사들에게 열병이 퍼지고 장마가 계속되어 군대를 돌렸어요.

알렉산드로스의 이름을 딴 도시 알렉산드리아

알렉산드로스는 자신이 정복한 땅에 '알렉산드리아'라고 이름 지은 도시를 70개나 건설했어요. 그중에 가장 유명한 도시가 이집트에 세운 알렉산드리아예요. 이곳은 나중에 프톨레마이오스 왕조가 다스리는 이집트의 수도가 되었고, 로마가 이집트를 점령하기까지 300년 동안 세계 문화와 경제의 중심지가 되었어요.

알렉산드로스 동방 원정의 결과

알렉산드로스의 동방 원정으로 마케도니아는 유럽과 아시아, 아프리카에 걸친 대제국을 세웠어요. 세 지역의 교류를 통해 서로의 문화가 자연스럽게 전해지게 되었지요. 그리스와 메소포타미아, 이집트 문명을 비롯해 동방의 문화가 섞여 '헬레니즘 문화'가 새롭게 태어났어요. 헬레니즘 문화는 서양 학문과 예술의 발달에 큰 영향을 주었으며, 인도에서 간다라 미술이 발달하는 계기를 마련하여 동양 미술에까지 영향을 미쳤어요.

매듭을 푸는 자가 아시아를 지배할 것이다!
마케도니아의 알렉산드로스 대왕

4 지중해는 우리 것이다! 포에니 전쟁
(기원전 264년~기원전 146년)

기원전 272년, 이탈리아 반도를 통일한 로마는 지중해 지역으로 세력을 넓히려 했어요. 그런데 당시 지중해를 장악하고 있던 나라가 있었어요. 바로 페니키아 인들이 세운 카르타고였어요.

로마는 이탈리아 반도 바로 아래에 있는 시칠리아 섬에 욕심이 났어요. 그런데 그 섬에 있던 두 도시 메사나와 시라쿠사가 분쟁을 일으켜 각각 로마와 카르타고에게 도움을 요청했어요.

기원전 264년, 시칠리아를 넘보던 로마는 시칠리아로 병력을 보냈고, 이미 군대를 주둔하고 있던 카르타고와 충돌했어요. 이렇게 시작된 로마와 카르타고의 전쟁을 '포에니 전쟁'이라고 해요.

제2차 포에니 전쟁의 승패를 가른 자마 전투

"자, 지금이다! 나팔을 울려라!"
로마 군대를 이끄는 스키피오 장군이 군사들에게 명령을 내렸어요.
"로마 군이 공격해 온다. 코끼리 부대를 앞장세우고 로마 군을 막아라!"
카르타고 군대의 총사령관 한니발도 큰 소리로 외쳤어요.

삐익~ 삑, 뿌움~ 뿜!
 로마 군사들이 불어대는 나팔 소리가 사방에 울려 퍼졌어요. 그러자 카르타고 군대의 맨 앞에 일렬로 서 있던 코끼리 부대가 갑자기 술렁거렸어요. 코끼리들이 나팔 소리에 놀라 뒤쪽으로 도망치기 시작했지요.
 순식간에 카르타고 군대의 행렬이 무너졌고, 그때를 이용해 로마 병사들은 일제히 카르타고를 공격했어요. 결국 로마가 승리했지요.
 이 전투는 기원전 202년, 카르타고의 영토였던 북아프리카의 자마에서 벌어졌어요. 이 전투로 지중해의 주인을 둘러싸고 일어난 포에니 전쟁 중 제2차 전쟁의 승패가 로마 쪽으로 기울어졌답니다.

제1차 포에니 전쟁
(기원전 264년~기원전 241년)

로마 함대는 카르타고의 함선을 본뜨고 함선 앞머리에 뾰족한 장치를 했어요. 그러고는 카르타고 함선을 뱃머리로 들이받고 갑판에 올라 공격을 퍼부어 승리를 거두었지요. 시칠리아 섬을 둘러싼 제1차 포에니 전쟁에서 진 카르타고는 시칠리아의 지배권을 로마에게 뺏기고 막대한 배상금까지 물어야 했어요.

제2차 포에니 전쟁
(기원전 218년~기원전 201년)

로마에 대한 복수를 다짐한 카르타고의 총사령관 한니발은 37마리의 코끼리와 4만 명의 군사를 이끌고 피레네 산맥과 알프스 산맥을 넘어 이탈리아 반도를 공격했어요. 기원전 216년, 이탈리아 남부 칸나이에서 로마 군을 무찔렀지만 기원전 202년, 자마 전투에서는 로마 군에게 지고 말았어요.

'포에니'란 무슨 뜻일까?

라틴 어로 '페니키아 사람'을 뜻해요. 페니키아 인들은 배를 만드는 기술과 항해술이 뛰어나 해상 무역을 통해 경제력을 키웠어요. 이들은 지중해 지역의 가장 강력한 세력이었고, 식민지를 개척하기도 했지요. 그들이 식민지로 건설한 도시 국가 중 하나가 바로 카르타고예요.

'카르타고'는 어떤 나라일까?

카르타고는 페니키아 인들이 기원전 814년 무렵, 북아프리카 튀니스 만에 건설한 도시 국가예요. 땅이 비옥하고 지중해 무역의 중심지일 뿐 아니라 에스파냐와 아프리카를 잇는 위치에 있어서 해상 무역을 통해 큰 발전을 이루었지요. 그 후 지중해 서쪽의 무역권과 시칠리아 섬 전체를 장악하여 지중해의 주인으로 군림했답니다.

 ## 제3차 포에니 전쟁

(기원전 149년~기원전 146년)

카르타고의 이웃 나라인 누미디아가 로마를 믿고 카르타고를 공격했어요. 카르타고가 군대를 소집해 이에 맞서자, 기원전 149년에 로마가 전투에 끼어들었지요. 로마 군은 카르타고를 포위했고, 카르타고는 2년 동안 로마의 공격에 맞서 싸웠지만 결국 패하고 말았어요. 이렇게 3차에 걸친 포에니 전쟁이 막을 내렸어요.

포에니 전쟁 최고의 전투인 칸나이 전투
(기원전 216년)

이탈리아 남쪽의 칸나이 지방에서 카르타고 군과 로마 군 사이에 전투가 벌어졌어요. 세계의 명전투 중 하나로 손꼽히는 칸나이 전투예요. 당시 카르타고의 병력은 5만 명, 이에 맞선 로마 군은 8만 명이었어요.

카르타고는 전투 대형을 가운데는 전력이 약한 보병으로, 양옆에는 전력이 우세한 기병을 초승달 모양으로 배치했어요. 그렇게 하여 로마 군을 가운데로 끌어들이며 양 옆에서 공격했어요. 로마 군은 이 전술에 휘말려 7만여 명의 전사자를 낸 반면 카르타고 군은 겨우 6천 명만이 희생되었어요.

이 전투에서 가까스로 살아남은 병사 스키피오는 이후 장군이 되어 자마 전투에서 이 전술을 응용해 카르타고의 장군 한니발을 물리쳤답니다.

포에니 전쟁의 결과

기원전 264년부터 기원전 146년까지 약 120년 동안 3차에 걸쳐 치러진 포에니 전쟁으로 카르타고는 멸망했고 주민들은 모두 노예가 되었어요. 그들이 다스리던 지역은 로마의 식민지가 되었지요. 반면 로마는 지중해의 주인이 되었고 세계 제국으로 발전할 수 있었어요.

전쟁 속 영웅이야기

코끼리 부대를 이끌고 알프스 산맥을 넘은
카르타고의 장군 한니발

카르타고의 타니트 신전에서 한 소년이 신에게 맹세를 했어요.

"신이시여! 우리 백성들을 고통에 빠뜨린 로마에게 꼭 복수하게 해 주세요."

그 소년의 이름은 한니발! 카르타고의 위대한 장군이었던 하밀카르 바르카의 아들이었어요. 그는 성장하여 유능한 지휘관이 되었고, 불과 26세에 카르타고 군의 총사령관이 되었어요.

한니발은 로마를 정복하기 위해 우선 에스파냐에 있던 여러 부족들을 정복했으며, 기원전 219년에는 로마 군 점령 아래에 있던 도시 사군툼을 빼앗았어요.

한니발은 자신의 동생인 하스드루발에게 에스파냐 지역과 북아프리카의 방어를 맡기고, 기원전 218년 4만의 군대와 코끼리 부대를 이끌고 이탈리아 반도 공격에 나섰어요.

지중해를 거쳐 이탈리아로 가는 길은 이미 로마가 장악하고 있었기에 피레네와 알프스 산맥을 넘었어요.

카르타고 군이 알프스 산맥을 넘어 오리라고는 전혀 생각지 못한 로마 군은 당황했어요.

카르타고 군은 티치노 강에서 처음으로 로마 군대를 물리친 뒤, 이어진 트레비아 강 전투에서도 로마 군을 무찔렀어요.

한니발은 눈병으로 한쪽 눈의 시력을 잃었지만 계속 진군하여 로마의 식량 보급 기지인 칸나이 지역을 공격했어요.

가운데는 전력이 약한 보병으로, 양옆에는 전력이 우세한 기병을 둥글게 배치하여 양 옆에서 공격한 이른바 초승달 작전으로 승리했지요.

하지만 한니발은 10년 뒤 자마 전투에서 자신의 전술을 응용한 로마 군에게 크게 지고 말았답니다.

5 로마의 최고는 나다!
로마 권력 전쟁
(기원전 60년~기원전 31년)

 포에니 전쟁의 승리로 지중해의 주인이 된 로마는 계속해서 다른 지역을 정복하며 영토를 넓혀 나갔어요. 하지만 내부에서는 평민과 귀족 사이에 빈부 격차가 심해졌고, 평민들의 지지를 받는 세력과 귀족들이 대립했어요.

 이때 막강한 사병을 거느린 세 명의 군인, 즉 카이사르와 폼페이우스, 크라수스가 동맹을 맺었고, 공동으로 로마를 다스리는 삼두 정치를 펼쳤어요. 그러다가 평민의 지지를 받는 카이사르가 최고 권력자가 되어 로마를 다스리자 원로원이 그를 암살했어요.

 그 후 다시 안토니우스와 옥타비아누스, 레피두스가 권력을 휘두르며 제2의 삼두 정치를 펼쳤지요. 레피두스가 세력을 잃자 삼두 정치는 무너졌고 로마 최고 권력자의 자리를 놓고 옥타비아누스와 안토니우스가 한판 대결을 벌였어요.

옥타비아누스를 로마의 황제로 만든 악티움 해전

   기원전 31년 9월 2일, 그리스 서해안의 악티움 반도 앞바다에서 1,000여 척의 함선들이 전투를 벌였어요. 한쪽은 안토니우스와 클레오파트라가 연합한 이집트 함대였고, 다른 쪽은 옥타비아누스와 그의 부관인 아그리파가 지휘하는 로마 함대였어요. 이집트 함선은 크기가 컸지만, 로마의 함선은 작았어요.

   크기는 작지만 속력이 빠른 로마 함대가 안토니우스가 이끄는 함대를 포위하기 시작하자마자, 함대를 격파시켰어요.

   그러자 로마 군함에 포위당할 처지에 놓이게 된 클레오파트라의 함대가 도망쳤어요. 안토니우스가 탄 함선을 포함한 몇 척의 배만 클레오파트라를 뒤따랐고, 나머지 함대는 사기를 잃고 옥타비아누스에게 항복하고 말았지요.

   악티움 해전에서 크게 패한 후 이집트로 도망친 안토니우스와 클레오파트라는 다음 해 로마 군대가 이집트를 점령하자 스스로 목숨을 끊었어요. 옥타비아누스는 이 해전의 승리를 바탕으로 '아우구스투스(존엄한 자)'라는 칭호를 받으면서 로마 제국의 황제가 되었답니다.

제1차 삼두 정치에서 악티움 해전까지

1 갈리아 원정(기원전 58년)에 나서다
기원전 60년, 카이사르·폼페이우스·크라수스가 동맹을 맺고 삼두 정치를 시작했어요. 2년 뒤인 기원전 58년에 카이사르가 갈리아 지방을 정벌하기 위해 나섰어요. 카이사르는 9년 동안 갈리아 지역뿐 아니라 벨기에, 브리타니아까지 진출했지요.

2 로마에서 카이사르가 큰 인기를 얻다
카이사르가 서유럽을 점령하여 세력을 넓히자 로마 시민들에게 인기가 높아졌어요. 그러자 로마에서 1인자의 자리에 있던 폼페이우스는 불안해졌어요. 원로원도 카이사르가 독재자가 되어 로마를 자기 마음대로 할까 봐 걱정되었어요.

3 폼페이우스와 원로원이 음모를 꾸미다
기원전 49년, 폼페이우스와 원로원은 서로 짜고서 카이사르를 없애기로 했어요. 원로원은 카이사르에게 전갈을 보냈어요.
"카이사르 장군, 그동안 쌓은 공이 많으니 군대를 해산하고 이제 그만 로마로 돌아오시오."

4 주사위는 던져졌다!
폼페이우스와 원로원의 음모를 알아차린 카이사르는 군대를 이끌고 갈리아와 로마의 경계가 되는 루비콘 강가에 이르렀어요. 그러고는 이 한마디를 외치며 루비콘 강을 건넜어요.
"주사위는 던져졌다!"

5 카이사르가 로마로 돌아오다
카이사르가 군대를 이끌고 로마로 진격해 온다는 소식을 들은 폼페이우스는 도망쳤어요.
카이사르는 시민들의 지지를 받으며 로마로 들어왔고 권력을 손에 넣었지요.

6 폼페이우스가 최후를 맞다

카이사르는 달아난 폼페이우스를 쫓아 그리스로 갔어요. 그리고 파르살로스에서 폼페이우스 군대와 전투를 벌여 승리를 거두었어요. 폼페이우스는 다시 이집트로 도망쳤지만, 알렉산드리아에 상륙하기 전에 동료에게 암살당했어요.
카이사르는 알렉산드리아에서 벌어진 왕위 계승 전쟁에 참여하여 승리를 거뒀고, 클레오파트라 7세를 왕위에 오르게 하고 그녀와 사랑에 빠져 아들도 낳았어요.

7 왔노라, 보았노라, 이겼노라!

로마로 돌아온 카이사르는 기원전 47년 소아시아에서 일어난 반란을 평정하고 로마 원로원에게 짤막한 보고서 한 장을 보냈어요. 내용은 바로 "왔노라, 보았노라, 이겼노라!" 였어요.

8 제2차 삼두 정치가 펼쳐지다

기원전 44년 3월 15일, 카이사르가 원로원 회의에 가던 도중 자신이 아들처럼 여겼던 브루투스에게 암살을 당했어요. 그가 죽자 제2차 삼두 정치가 시작되었는데 세 명의 인물은 안토니우스, 옥타비아누스, 레피두스였어요.

9 악티움에서 옥타비아누스와 안토니우스가 대결을 벌이다

안토니우스가 이집트 여왕 클레오파트라와 함께 동방 제국을 세워 로마가 점령했던 지역을 로마로부터 분리하려 했어요. 그러자 옥타비아누스가 함대를 이끌고 안토니우스와 클레오파트라 연합 함대와 악티움에서 한판 대결을 벌였지요.

클레오파트라와 사랑에 빠진 **안토니우스**

제2차 삼두 정치에서 레피두스가 물러난 뒤 안토니우스는 옥타비아누스와 결속을 강화하기 위해 그의 누이 옥타비아를 아내로 맞았어요. 하지만 그는 이집트의 여왕 클레오파트라와 사랑에 빠져 옥타비아를 버려두고는 클레오파트라와 결혼했어요. 안토니우스는 원로원의 믿음을 잃었고, 결국 옥타비아누스가 이끄는 로마 군대의 공격을 받게 되었지요.

전쟁 속 영웅 이야기
악티움 해전을 승리로 이끈
로마의 장군 아그리파

아그리파는 젊어서부터 옥타비아누스와 친하게 지냈어요.
— 우리는 친구!
아그리파 / 옥타비아누스

로마의 최고 권력자였던 카이사르가 암살당하자, 아그리파는 옥타비아누스가 정계에 진출하는 것을 도와주었고, 그의 부하 장수가 되었어요.
— 내가 팍팍 밀어 주마!

카이사르와 함께 삼두 정치를 펼쳤던 폼페이우스의 아들 섹스투스가 반란을 일으키자 아그리파가 진압했어요.

악티움 해전에서 아그리파는 로마 군을 지휘했어요.

조금 있으면 바람이 적진을 향해 불 것이다. 이때를 기다려 적의 함대를 포위하라!
— 펄럭

아그리파는 바람의 방향을 계산한 절묘한 전술로 안토니우스 함대를 격파했고, 악티움 해전을 승리로 이끄는 데 결정적인 공을 세웠어요.
— 음하하하! 맛 좀 봐라! / 으악~

옥타비아누스가 황제의 자리에 오르는 데 큰 공을 세운 아그리파는

나중에 옥타비아누스의 딸 율리아와 결혼했으며, 두 번이나 호민관에 올라 하수도·목욕탕·판테온 신전을 건설했어요.

또 로마 제국의 영토를 측량하고 지리서를 제작하여 세계 지도의 기초를 닦았지요.
— 흐음…

6 천하통일을 향해 깃발을 올려라! 위·촉·오 삼국 시대 전쟁
(184~280년)

중국은 7000년의 오랜 역사를 자랑하는 나라예요. 은나라가 멸망하고 주나라의 세력이 약해지자, 춘추 시대에는 100여 개의 제후국들이 난립했어요. 제후국 말기에 이르러서는 10여 개국으로 감소했지만 각기 큰 세력을 형성하여 패권을 다투었지요. 그 후 한나라와 신나라, 다시 후한이 들어서며 혼란을 거듭했어요.

184년, 환관과 외척이 권력을 장악하자 농민들이 '황건적의 난'을 일으켰어요. 이때 난을 진압하며 여러 지방 세력들이 힘을 키웠는데, 그중 뛰어난 세 인물이 있었어요. 바로 조조와 유비, 손권이지요. 이들은 각기 나라를 세워 천하를 얻기 위해 서로 힘을 겨루었어요. 관도 전투·적벽대전·우장위안 전투 등을 통해 뛰어난 전략과 전술을 펼치며 각자의 세력을 넓혀 중국 대륙을 3등분하여 삼국 시대를 이루었어요.

위·촉·오 삼국의 균형을 세운 적벽대전

208년, 중국 양쯔 강 연안 적벽에 대규모 함대가 진을 치고 있었어요. 바로 조조가 이끄는 함대였지요. 그런데 일렬로 늘어선 조조의 군함들은 쇠사슬로 연결되어 있었어요. 군사들의 뱃멀미를 덜기 위해 모든 배를 쇠사슬로 연결하고 그 위에 널빤지를 깔아 배의 움직임을 줄이도록 한 거였어요.

한편, 조조의 군대에 비해 전력이 약했던 유비와 손권의 연합군은 때를 기다리고 있었어요.

"드디어 바람의 방향이 동남풍으로 바뀌었다. 준비한 쾌속선을 적진으로 돌진시켜라!"

연합군 측에서 오나라의 장군 주유가 명령을 내렸어요. 파란 깃발을 꽂은 10척의 전선이 조조의 함

대 쪽으로 이동하기 시작했어요. 배 안에는 기름을 잔뜩 묻힌 짚단과 갈대가 감춰져 있었지요.

잠시 후, 빠른 속도로 조조의 함대를 향해 돌진하던 배들에 불이 붙었고, 그대로 조조의 함대와 충돌하자 불이 옮겨 붙었어요. 그러나 쇠사슬에 묶여 있던 조조의 전선들은 쉽사리 움직일 수 없었고, 순식간에 조조의 진영은 불바다가 되고 말았어요.

적벽에서 유비와 손권의 연합군이 조조의 군대를 크게 물리친 이 전투를 '적벽대전'이라고 해요. 이 전투를 계기로 조조의 세력은 주춤하게 되었고 중국 대륙은 삼등분되었답니다.

1 조조의 세력을 크게 키워준
관도 전투 (200년)

후한 말기, 중국 대륙 북부 지역에는 큰 세력을 가지고 있던 두 인물이 있었어요. 당시 부패한 세력인 환관들을 물리치고 큰 세력을 얻은 원소와 후한의 마지막 황제인 헌제를 보호하며 황허 하류 허난성을 중심으로 세력을 키우던 조조였어요. 200년, 원소와 조조가 황허 유역 관도에서 전쟁을 벌였고, 기습에 성공한 조조의 군대가 승리를 거뒀어요. 조조가 최고 강자로 떠오르는 순간이었어요.

2 죽은 제갈량이 산 사마의를 물리친
우장위안 전투 (234년)

촉나라의 재상인 제갈량은 위나라를 공격하기 위해 대군을 거느리고 출전했어요. 이때 위나라 군사를 지휘하던 인물은 사마의였어요. 촉나라와 위나라 군대가 우장위안에서 맞붙어 장기전을 치르던 중 제갈량이 병에 걸려 죽고 말았어요. 하지만 촉의 군사들은 제갈량의 유언에 따라 그가 살아 있는 것처럼 위장했고, 후퇴하다가 다시 대오를 정비해 반격했어요. 사마의는 제갈량이 죽은 줄로만 알았는데 살아서 뛰어난 전술을 펼치자 놀라 후퇴했어요.
이를 후세 사람들은 "죽은 공명이 산 중달을 달아나게 했다."고 말해요. 공명은 제갈량, 중달은 사마의의 다른 이름이에요.

삼국 시대에서 삼국 통일까지

220년 조조가 죽자, 아들 조비가 후한 황제를 몰아내고 위나라를 세웠어요. 손권도 오나라를 세웠고, 유비도 촉나라를 세워 황제가 되었어요. 그 후 263년에 촉나라가 위나라에 무너졌고, 위나라는 사마염이 황제를 몰아내고 진(晉)나라를 세웠어요. 마침내 280년에 진나라가 오나라를 멸망시키고 삼국을 통일했어요.
삼국을 통일한 진나라는 황폐화된 나라를 되살리기 위해 농업에 힘썼어요. 하지만 호족들은 사치스럽게 생활했고, 황족들 사이에는 황제 쟁탈전이 벌어졌어요. 결국 316년에 진나라는 흉노족에게 멸망했고, 중국은 다시 혼란한 시대를 맞게 되었어요.

조조의 위나라 장수들

등애

촉나라 장수 강유의 공격을 매번 막아 내 위나라를 지킨 인물이에요. 263년에는 정예병을 지휘하여 산을 깎고 하천에 다리를 놓는 등 험한 길을 개척하여 촉의 도읍지인 청두를 함락시켰어요. 그러나 이듬해 반역의 누명을 쓰고 자식과 함께 처형되었어요.

허저

황건적의 난이 일어났을 때 수백 명을 모아 도적을 막아 냈고, 조조 아래로 들어가 많은 공을 세웠어요. 서량의 마초가 난을 일으켰을 때, 조조를 호위해서 말안장으로 화살을 막고 마초와 승패를 가리기 어려울 정도로 치열하게 싸운 것으로 유명해요.

전위

조조 수하의 최고 장군 중 한 사람이에요. 팔 힘이 무척 세서 80근이나 되는, 쌍철극이라는 무기를 썼으며 많은 전투에 참가해 공을 세웠어요. 197년, 조조에게 항복한 장수가 다시 반란을 일으켜 조조를 습격했을 때 조조를 무사히 탈출시키고 난 뒤 화살에 맞아 죽었어요.

유비의 촉나라 장수들

관우
장비와 함께 유비가 촉나라를 건국하는 데 큰 공을 세운 장수예요. 그러나 조조와 손권의 협공을 받아 죽임을 당했어요. 충성심과 의리, 당당한 성품으로 중국인이 숭배하는 민간 신앙의 주인공이 되었어요.

장비
유비, 관우와 함께 황건적 토벌에 나서며 이름을 떨친 장수예요. 장판교에서 조조의 대군을 막았으며, 위나라의 장합과 맞서 싸워 승리했어요. 관우의 복수를 위해 출정하는 도중 부하에게 암살당했어요.

조운
별명이 '자룡'이어서 흔히 조자룡이라 불러요. 유비가 피난길에 당양현 장판에서 조조에게 크게 패해 남쪽으로 도주할 때, 홀로 적군 한가운데로 뛰어들어가 미처 도망가지 못한 유비의 아들과 부인을 구출했어요.

황충
백발 노장으로 유명하여 '노익장을 과시하는 사람'의 대명사가 되었어요. 전투가 벌어지면 항상 먼저 달려가 진지를 함락시킬 정도로 용감했고, 조조의 총애를 받던 하우연을 공격해 승리로 이끌었어요.

손권의 오나라 장수들

여몽

가난한 집안에서 태어나 어렸을 때는 공부는 하지 않고 싸움만 했으나, 손권을 섬기는 무장이 된 후 손권이 학문을 익힐 것을 권하자, 뒤늦게 공부를 시작하여 학문을 두루 익혔어요. 달라진 여몽을 본 노숙이 놀랐다는 고사 성어 '괄목상대'가 있어요.

주유

어린 시절, 손책과 친구로 지내다 후에 손책의 부하가 되었어요. 손책이 죽자 그의 동생인 손권을 보좌했는데, 208년에 조조가 군사를 이끌고 남하하자 전쟁을 벌일 것을 강력히 주장했어요. 그는 친히 군사를 이끌고 나가 적벽대전에서 조조의 군대를 크게 무찔렀어요.

조무

오나라 최고참 장수 중 한 명으로 쌍검의 명수예요. 화웅과의 전투 중 손견(손권의 아버지)이 위험에 처하자 손견의 붉은색 투구를 자신이 대신 쓰고 화웅을 유인하여 손견을 구했어요. 그리고 조무 역시 안전하게 탈출했지요.

태사자

유요라는 인물 밑에 있다가 손책과 대결을 벌이게 되었는데 태사자는 무기를, 손책은 투구를 각각 빼앗을 정도로 막상막하였어요. 유요가 손책에게 패배한 후 손책의 부하가 되었고, 손권 밑에서도 크게 활약했어요.

전쟁 속 영웅이야기
뛰어난 작전을 세워 적벽대전을 승리로 이끈 오나라의 장수 황개

200년에 원소 세력을 격파하고 중국 북부 지역의 최강자가 된 조조! 208년에는 중국 대륙을 손에 넣으려고 20만 대군을 이끌고 남쪽으로 향했어요.

손권이 조조가 공격해 온다는 소식을 듣고 당황할 때 유비가 보낸 제갈공명이란 인물이 찾아왔어요.

각자 조조의 군대를 상대하기는 힘드니까 함께 힘을 모으면 어떨까요?

그렇게 손권과 유비는 손을 잡았고, 양쯔 강 연안 적벽에서 조조의 대군과 맞서게 되었어요.

우리 군사들은 모두 북방 대륙 출신이라 해전에는 익숙지 못할 뿐더러 뱃멀미도 심할 텐데….

강을 건너야 손권의 오나라를 정벌할 수 있었던 조조는 배들을 모두 쇠사슬로 연결하고 그 위에 널빤지를 깔아 배가 움직이지 않도록 했어요.

이를 알아차린 손권의 장수 황개가 적을 물리칠 방법을 찾았어요.

화공법을 쓰면 쉽게 적들을 물리칠 수 있습니다.

또한 황개는 잠시 후면 바람이 적진을 향해 세차게 불 것을 예상하고는 불이 잘 붙는 짚과 갈대를 기름에 적셔 준비했어요.

그러고는 거짓으로 조조의 진영에 항복하겠다는 편지를 보낸 뒤, 배들을 위장해 적진으로 보냈어요.

황개가 보낸 배들이 적진에 당도할 무렵, 배에 불을 붙였고 배들이 조조의 함대 사이로 들어가 불바다로 만들었어요.

연합군은 조조의 대군을 물리칠 수 있었고, 세 나라가 중국 대륙을 나누어 다스리는 삼국 시대가 되었어요.

7 비단길을 따라 세계 제국을 이루리라! 이슬람 세계와 당나라 전쟁 (751년)

수나라에 이어 중국 대륙을 통일한 당나라는 한반도 남쪽의 신라와 연합군을 이루었어요. 그러고는 막강한 군사 대국이었던 고구려를 정복하고, 힌두쿠시 산맥을 넘어 북인도에 이르는 지역으로 세력을 넓혀갔어요. 또한 중앙아시아 지역에까지 손을 뻗쳤어요.

당나라 세력이 중앙아시아를 넘어오자 이곳을 비롯해 서아시아에 세력을 펼치고 있던 이슬람 세계는 위협을 느꼈어요. 750년경, 고선지 장군이 이끄는 당나라 군대에게 패한 석국은 이슬람 세계에 도움을 요청했고, 아바스 왕조를 중심으로 이슬람 세계가 연합을 이루어 당나라와 전쟁을 벌였어요.

당나라와 이슬람 전쟁의 운명을 결정한 탈라스 전투

751년, 중앙아시아 북부 탈라스 강변의 어느 평원에서 대규모 전투가 벌어졌어요. 한쪽은 당시 중국 대륙을 주름잡던 당나라 군대였고, 이에 맞선 쪽은 이슬람 세계의 연합 군대였지요. 7만 명의 당나라 군은 멀리 동쪽에서 톈산 산맥을 넘어왔고, 30만 명의 이슬람 연합군은 서쪽의 중동 지역에서 넘어왔어요.

당나라 정예군을 이끈 사람은 고구려 유민 출신 고선지 장군이었는데, 그는 멀리까지 원정 간 당나라 군의 사기를 북돋으려고 힘차게 외쳤어요.
　　"이곳까지 힘들게 와서 패할 수는 없다! 돌격하라!"
　　아바스 왕조를 중심으로 한 이슬람 연합군 역시 총독의 명령에 따라 전투에 임했어요.
　　"이곳에서 패한다면 당나라 군대가 언제 우리를 공격해 올지 모른다!"
　　전투는 5일 동안 치열하게 전개되었고, 당나라 군대는 이슬람 연합군보다 숫자는 적었지만 좀처럼 물러설 줄 몰랐어요. 그런데 뜻밖의 상황이 벌어졌어요. 당나라와 동맹을 맺었던 투르크 부족의 하나인 카를루크가 당나라를 배신하고, 오히려 당나라 군대의 뒤쪽을 공격한 거예요.
　　고선지 장군이 이끄는 당나라 군대는 이 전투에서 크게 패하고 중앙아시아에서 쓸쓸히 물러서야 했어요.

1. 전투가 벌어진 탈라스 강

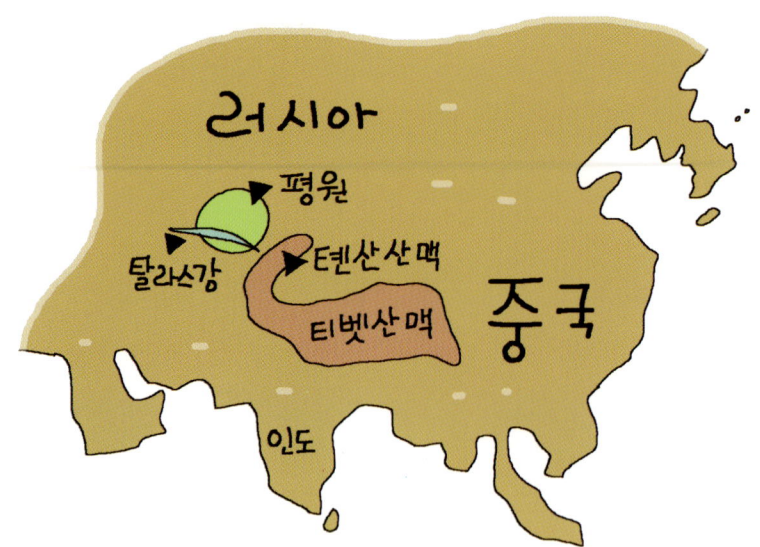

탈라스 강은 아시아 중국 대륙 북서쪽에 있는 톈산 산맥의 한 줄기에서 흘러나왔어요. 지금의 카자흐스탄과 키르기스스탄 사이를 흐르는 강이에요.
탈라스 전투는 그 강 주변의 평원에서 벌어졌어요.

2. 탈라스 전투에서 이슬람 세력을 끌어들인 석국

석국은 당나라의 지배에 불만을 품고 이슬람 세력을 끌어들였어요. 석국은 고대부터 동양과 서양을 잇는 비단길의 중심지이며, 시르다리야 강 상류의 오아시스를 중심으로 발달한 도시예요. 7~8세기에 투르크계 문화와 이슬람교를 받아들였고, 그 후 몽골과 티무르 제국의 지배를 받았어요. 수나라와 당나라는 석국을 '타슈켄트'라 불렀어요. 16세기부터 우즈베크 인의 지배를 받아 현재 우즈베키스탄의 수도이며, 중앙아시아 최대의 도시로 교육과 예술, 공업, 교통의 중심지로 성장하고 있어요.

3. 당나라와 고선지를 배신한 카를루크 부족

톈산 산맥 북쪽에 근거지를 두고 있던 투르크 부족의 하나로, 서돌궐과 분리 독립한 돌기시의 세력 아래 있었어요. 744년, 돌궐이 멸망하자 일부는 위구르 제국에 복속되었으나, 대부분은 일리 강 유역에서 서투르키스탄 지역에 세력을 뻗쳤어요. 위구르 제국이 멸망한 뒤 서쪽으로 이동한 위구르와 함께 카라한 왕조를 세웠어요.

중앙아시아에 진출한 이슬람 세력

탈라스 전투에서 승리한 이슬람 세력은 중앙아시아로 진출했어요. 중앙아시아의 여러 유목 민족들에게 이슬람교가 전파되었으며, 그 뒤 이슬람 세력은 인도 대륙과 동남아시아까지 세력을 넓혔지요.

새로운 세력 아바스 왕조

661년부터 이슬람 세력을 지배하던 우마이야 왕조에 반기를 든 세력이 등장했어요. 바로 아바스 가문이었지요. 이들은 이슬람 세력을 지배할 수 있는 자격을 가진 유일한 사람은 예언자의 가족, 즉 무함마드 가문 출신이어야 한다는 사상을 이용하여 우마이야 왕조 타도 운동을 일으켜 749년에 우마이야 왕조의 칼리프를 죽였어요. 그 후 정식으로 이슬람 세력을 지배하는 왕조가 되었지요.

탈라스 전투의 결과

당나라, 비단길을 잃다

기원전 139년, 한나라 황제 무제가 장건에게 명령을 내려 동서를 연결하는 교통로인 비단길을 개척했어요. 그 후 중국은 비단길을 통해 서역과의 무역은 물론 비단길이 통과하는 여러 나라들을 지배하려 했고 당나라 역시 서역으로 세력을 넓히려고 했지요. 하지만 탈라스 전투의 패배로 당나라는 지금의 타슈켄트와 사마르칸트에서 물러나고, 비단길도 잃었어요.

종이를 만드는 기술이 서양에 전파되다

탈라스 전투에서 포로로 잡힌 당나라 군사 중에 종이 만드는 기술을 가진 사람이 있어서 제지술이 이슬람 세계에 전해졌지요. 또한 나침반과 화약 만드는 기술도 전해져서 유럽에 알려졌고, 중세 유럽 사회는 큰 변화를 맞게 되었답니다.

전쟁 속 영웅 이야기

파미르 고원을 넘어 중앙아시아를 정벌한 고구려 출신 장군 고선지

668년, 신라와 연합하여 고구려를 멸망시킨 당나라는 강제로 고구려 주민들을 당나라 영토 곳곳에 이주시켰어요.

"여기서 살으라연 살아!!"

이때 고선지도 아버지를 따라 당나라 안서 지방에 가서 살았어요.

"선지야, 비록 지금 나라는 망했지만 고구려를 자랑스럽게 여기고 늘 당당하게 살아야 한다."

"네!"

고선지는 고구려인의 용맹과 기상을 잃지 않으려고 노력했고, 스무 살에는 안서의 유격 대장이 되었어요.

그 후 안서부도호와 사진도지병마사라는 높은 지위에 올랐지요.

"사..사진.. 뭐?"
"사진도지 병마사!"

747년, 토번(티베트)과 이슬람 제국이 동맹을 맺고 동쪽으로 진출하자, 군사 1만 명을 이끌고 파미르 고원을 넘어 중앙아시아를 정벌했어요.

750년에는 이슬람 세력과 동맹을 맺으려는 석국을 토벌하고, 국왕을 포로로 잡아 당나라로 돌아왔지요.

그런데 당나라의 문신들이 석국 왕을 처형시키자 중앙아시아의 여러 나라들이 이슬람 연합군을 이루어 당나라를 공격했어요.

이를 막기 위해 고선지는 7만의 당나라 군사를 이끌고 탈라스 강 평원에서 전투를 벌였는데, 그만 크게 패하고 돌아왔어요.

755년, 당나라의 무장이었던 안녹산이 난을 일으키자, 고선지는 이를 토벌하는 임무를 맡아 출전했는데, 그의 부하가 황제에게 그를 모함하는 거짓 보고를 올려 억울한 죽음을 맞았지요.

8 중세의 운명을 바꾼 십자군 전쟁
(1096~1270년)

　1055년 무렵, 중앙아시아 일대에서 일어난 셀주크 투르크 족이 이슬람 세계의 새로운 지배자가 되었어요. 셀주크 투르크 족은 중앙아시아는 물론 지금의 중동 지역인 팔레스타인과 소아시아에 이르는 제국을 건설했지요.

　기독교인들의 성지였던 이스라엘의 예루살렘 역시 셀주크 투르크 족의 지배에 놓이게 되었어요. 나아가 셀주크 투르크가 더욱 세력을 넓히며 동로마 제국 영토 가까이까지 진출하자, 이에 위협을 느낀 동로마 제국 황제가 로마 교황에게 도움을 요청했어요. 이에 로마 교황은 군대를 결성하여 이슬람 세력에게 빼앗긴 예루살렘을 되찾자며 서유럽 여러 나라들을 부추겼어요. 이들은 1095년 십자군 원정을 결정하고 군대를 결성해 1096년 원정길에 나섰어요.

　이렇게 서유럽의 기독교 국가들과 이슬람 세력이 벌인 전쟁을 '십자군 전쟁'이라고 해요. 서유럽 원정군 군복에 십자가 모양의 수를 놓아 십자군이라고 불렀거든요.

십자군이 예루살렘을 점령한 제1차 십자군 원정

1099년 7월 15일, 이스라엘의 예루살렘 성 앞에 십자군이 공격을 준비하고 있었어요. 3년 동안 여러 지역을 거쳐 힘들게 예루살렘에 도착한 십자군은 이슬람 군대와 한 달 넘게 지루한 전투를 벌이고 있었어요. 그리고 예루살렘 성 함락을 코앞에 두고 있었어요.

프랑스 귀족 출신 지휘관 고드프루아가 명령했어요.

"저 성만 넘으면 성지를 탈환한다. 공성탑을 성벽 가까이 이동하라!"

나무로 만든 높은 공성탑 두 개가 성벽으로 이동했고, 투석기에서 돌들이 커다란 포물선을 그리며 날아갔어요. 이슬람 군사들은 돌과 기름 단지를 공성탑에 퍼부으며 막았지요. 공성탑 하나가 불탔고, 치열한 전투는 계속되다가 어두워졌어요. 고드프루아는 이슬람 군의 방어가 허술한 곳으로 공성탑을 옮기게 했어요. 그리고 그곳에 집중 공격을 가하자 마침내 성벽이 무너졌고, 이슬람 군사들이 달아나기 시작했어요. 결국 십자군이 예루살렘 성을 점령했어요.

제2차 십자군 원정 (1147~1149년)

제1차 십자군 원정(1096~1099년)이 끝나고, 약 50년이 지난 1144년, 이슬람의 지도자 장기가 십자군이 세운 최초의 식민지 에데사를 무너뜨렸어요. 이에 위기를 느낀 서유럽은 2차 십자군을 조직했고, 시리아의 수도인 다마스쿠스를 공격했지만 실패했어요.

제3차 십자군 원정 (1189~1191년)

1187년, 쿠르드 족 출신 살라딘이 하틴 전투에서 십자군과 전투를 벌여 승리를 거두고 예루살렘을 함락시켰어요. 이에 유럽의 왕들이 다시 십자군을 조직하여 이스라엘을 향해 진격했지만 되찾지 못했어요. 영국 왕 리처드가 살라딘과 협상을 벌여 기독교인들이 자유롭게 성지 순례를 하도록 보장해 주는 약속만 받아 내었어요.

제4차 십자군 원정 (1202~1204년)

4차 원정은 교황 인노켄티우스 3세의 호소로 시작되었는데, 이번에는 공격 방향을 예루살렘이 아니라 이슬람교의 본거지인 이집트로 삼았어요. 그러나 십자군을 수송하기로 한 베네치아 공화국이 수송비 마련을 핑계로 동로마 제국의 수도인 콘스탄티노플을 정복한 뒤 라틴 제국을 세웠어요. 동·서 교회의 분열만 커지고 예루살렘 공격은 이루어지지 않았지요.

제5차 십자군 원정 (1218~1221년)

1215년, 또다시 십자군 원정이 결정되었어요. 그런데 신성 로마 제국의 황제 프리드리히 2세가 십자군 파견을 약속하고 지키지 않았어요. 그러자 원정군은 동유럽의 신흥 국가의 약소한 군사력으로 편성되었고, 이집트를 공격하여 다미에타를 점령했어요.

5 제6차 십자군 원정 (1228~1229년)

1227년, 교황 그레고리 9세는 프리드리히 2세가 예루살렘 원정을 이행하지 않자 그를 파문했어요. 그러자 프리드리히 2세는 파문을 당한 채 십자군을 일으켰어요. 1229년, 그는 당시 내란으로 골치를 썩고 있던 이집트의 술탄과 평화 조약을 맺어 예루살렘의 통치권을 반환받았지만 1년 만에 다시 잃고 말았어요.

6 제7·8차 십자군 원정 (1248~1270년)

프랑스의 왕 루이 9세는 이집트를 정렴한 후 예루살렘을 탈환하려 했어요. 하지만 이집트에서 참패하고 왕은 포로가 되어 몸값을 지불하고서 겨우 풀려났지요. 루이 9세는 다시 8차 원정군을 편성해 출정했으나 갑자기 병으로 죽었고 원정은 실패로 끝났어요. 그 뒤에도 몇 차례 더 시도가 있었으나 모두 실패로 끝나고 말았어요.

슬프고도 어처구니없는 소년 십자군 사건

4차 십자군 원정 후인 1212년 어린이들도 십자군을 일으켰어요. 독일의 쾰른 지방에 살던 니콜라우스라는 소년과 프랑스 오를레앙 지방의 에티엔이라는 목동은 자신이 신의 계시를 받았다며 수만 명의 어린이들을 모아 예루살렘 원정길에 나섰어요. 하지만 이들은 중간에 악덕 상인들의 꾐에 속아 아프리카 등지에 노예로 팔리거나 바다에서 배가 난파되어 목숨을 잃고 말았지요.

십자군 전쟁의 결과

십자군 원정의 실패로 전쟁을 부추겼던 교황의 권위와 교회의 힘이 약해졌고, 전쟁에 앞장섰던 봉건 영주와 기사들은 몰락했어요. 반대로 왕과 상인들의 세력은 커졌지요. 또한 십자군 전쟁 중에 서양과 동양의 교류가 활발해지며 무역이 발달했고 도시가 성장했어요. 십자군 전쟁은 기독교와 이슬람교의 충돌, 유럽과 아랍 문명의 충돌이라 볼 수 있어요.

하틴 전투를 승리로 이끌어 십자군 전쟁의 승패를 결정지은 **이슬람의 통치자 살라딘**

9 들리느냐! 천하를 뒤엎는 말발굽 소리가! 몽골의 세계 정복 전쟁
(1206~1368년)

　서유럽의 기독교 국가들과 이슬람 세력 국가들이 약 200년에 걸쳐 십자군 전쟁을 벌이는 동안, 중앙아시아의 몽골 유목 민족을 통일한 인물이 있었어요. 그의 이름은 테무친! 그는 1206년 몽골 부족 연맹 회의체의 추대를 받아 칸의 자리에 올랐어요.
　그 후 테무친은 국가의 모든 제도와 조직을 군사 중심으로 바꾸고 정복 전쟁을 시작했어요. 중국 대륙은 물론 아시아를 넘어 유럽에 이르는 대제국을 건설했지요. 테무친이 바로 칭기즈 칸이에요.

몽골의 유럽 원정군이 동유럽을 쑥대밭으로 만든 발슈타트 전투

1241년 4월 어느 날, 리그니츠 평원에 수만 명의 군사들이 대열을 이루고 있었어요. 그들은 칭기즈 칸의 손자인 바투를 총사령관으로 하는, 몽골의 유럽 원정군이었어요.

"저 야트막한 구릉에 둘러싸인 평야가 바로 우리의 사냥터다. 이제 사냥처럼 신나는 전투가 벌어질 것이다."

바투가 몽골 군을 향해 힘차게 외치는 순간, 그들 앞에 슐레지엔을 다스리는 하인리히가 모습을 드러냈어요. 그가 이끄는 연합군은 독일과 폴란드의 기사와 농민들로 이루어진 군대였지요.

"우리 군에게 신의 가호가 있을 것이니, 승리는 우리의 것이다!"

하인리히 역시 그가 거느린 군사들을 향해 외쳤어요.

그 순간, 몽골 군의 진영에서 화살이 날아오기 시작했어요. 길고 가벼운 화살과 갑옷을 뚫을 수 있는 강하고 짧은 화살들이 뒤섞여서 말이에요. 그러고는 몽골 기병들이 말을 타고 달려와 창과 칼을 휘둘렀어요. 그러자 유럽 연합군은 제대로 싸워 보지도 못하고 무너지고 말았어요.

이곳은 나중에 '발슈타트' 라 불렸는데, 독일어로 '시체의 도시' 라는 뜻이랍니다.

1 칭기즈 칸의 세계 정복

1206년, 몽골을 통일한 칭기즈 칸은 날렵한 기마병을 중심으로 군대를 이끌고 세계 정복에 나섰어요. 1209년에는 중국 대륙 북부를 차지하고 있던 서하를 정복했고, 1215년에는 만리장성을 넘어 중국 동부와 북부를 지배하던 금나라의 수도 베이징을 함락했어요. 1219년에는 이슬람교를 믿으며 중앙아시아 일대의 교역을 장악하고 있던 호라즘 왕국을 정복했지요. 또한 북쪽으로는 남러시아와 크림 반도, 볼가 강 유역까지 진출했어요. 1227년, 병을 얻어 죽음을 맞기 전까지 칭기즈 칸은 인류 역사상 그 어느 전쟁 영웅도 이룩하지 못한 세계 대제국을 건설했어요.

2 오고타이의 유럽 정복 시작 (1235년)

칭기즈 칸이 죽은 뒤 그의 셋째 아들인 오고타이가 정복 사업을 계속했어요. 그는 1231년 살리타이에게 명령을 내려 동아시아의 고려를 침략했으며, 1234년에는 금나라를 완전히 정복했어요. 1235년에는 부족장 회의를 소집하여 유럽 원정에 대한 인정을 받았고, 조카인 바투를 총사령관으로, 수부타이를 부사령관으로 삼아 10만 명에 이르는 원정군을 유럽에 보냈어요.

3 동유럽 점령 (1236년)

유럽 원정에 나선 바투는 루시(지금의 러시아)의 여러 공국을 점령한 뒤 폴란드까지 침략했어요. 발슈타트 평원에서 유럽 연합군을 크게 격파했고, 헝가리 쪽으로 진군한 또 다른 몽골 군은 부다와 페스트를 점령했어요. 동유럽은 몽골 원정군에 의해 쑥대밭이 되고 말았지요.

몽골 군의 전쟁 승리 비결

몽골 인들은 초원 지대에서 자라나 어려서부터 말 타는 법을 배웠어요. 말을 타고 달리면서도 화살을 자유자재로 쏠 수 있었지요. 또한 화살은 갑옷을 뚫을 정도로 강하고 짧은 것과 정확도가 높으면서도 가벼운 긴 것 등 여러 종류가 있었어요. 이렇게 몽골 군이 뛰어난 기동력과 무기로 전투에 임했기 때문에 무거운 철갑옷으로 무장한 유럽의 기사들은 제대로 싸워 보지도 못하고 번번이 패배했지요.

4 중단된 유럽 원정 (1241년)

유럽 사람들은 신의 보살핌으로 유럽 연합군이 몽골 군을 물리칠 거라 생각했어요. 하지만 유럽 연합군이 처참히 지자, 몽골의 유럽 침입을 '신이 내린 재앙'으로 생각했어요. 나아가 몽골 군대가 서유럽까지 침략을 할까 봐 벌벌 떨면서 십자군을 결성하여 이를 막으려고 했어요. 1241년 몽골의 유럽 원정군은 헝가리까지 침략했으나 더 이상 서유럽으로 진군하지 않았어요. 오고타이의 죽음으로 바투가 군대를 돌렸기 때문이었지요.

5 4개의 제국으로 분열된 대제국

오고타이가 죽은 뒤 몽골 군 내부에서 분열이 일어나 권력 다툼이 벌어졌어요. 결국 오고타이 한국, 킵차크 한국, 차가타이 한국, 일 한국의 4개 제국으로 나누어지고 말았지요. 그러다가 다시 강력한 힘을 가진 통치자가 등장했는데, 그가 바로 쿠빌라이예요. 그는 1270년 원나라를 세우고 베이징을 수도로 삼았어요. 1279년에는 남송을 멸망시킨 뒤 베트남 등 인도차이나를 점령했어요. 원나라의 정복 전쟁은 1368년에 멸망할 때까지 계속되었어요.

몽골 군의 일본 공격과 태풍

1274년, 중국 대륙은 물론 고려까지 점령한 몽골 군은 한반도 앞바다를 건너 일본을 공격하려고 했어요. 몽골 군이 고려와 연합군을 이루어 배를 타고 바다를 건너가는데 갑자기 태풍이 불었어요. 그들은 일본까지 가지 못하고 그냥 되돌아왔어요. 1281년에 다시 공격을 하러 바다를 건널 때도 태풍이 불어 일본 정복에 실패했어요. 일본인들은 몽골의 공격을 막아 준 이 태풍을 '신의 바람'이란 뜻으로, '가미가제'라고 불러요.

몽골의 세계 정복 전쟁의 결과

몽골 제국의 세계 정복 전쟁으로 서유럽과 이슬람 세계, 서아시아 사이의 무역이 더욱 활발해졌어요. 여기에 비단길과 초원길을 통해 중국의 나침반, 화약, 인쇄술 등이 유럽으로 전해지게 되었지요. 또한 기독교와 천문학, 수학, 지리학 등 유럽의 종교와 학문이 중국을 비롯한 아시아 전역으로 전파되었어요.

전쟁 속 영웅 이야기

칭기즈 칸 때부터 오고타이 때까지
세계 정복 전쟁에 앞장선 **몽골 군의 명장 수부타이**

칭기즈 칸이 지휘하는 군대에는 여러 명의 용맹스러운 장수들이 있었어요.

그중 4명의 인물이 칭기즈 칸에게 충성을 다한다 하여 '4구(4마리 개) 장군'이라 불렸어요.

나이만 족과의 전투에서 큰 활약을 펼친 쿠빌라이, 칭기즈 칸의 목숨을 구해 준 젤메, 젤메의 동생이자 천재적 전술가인 수부타이, 화살을 잘 쏘기로 이름난 제베였지요.

그중 수부타이는 용맹하고 뛰어난 머리를 가지고 있었어요.

칭기즈 칸이 젊었을 때 칭기즈 칸의 부인인 보르테가 또 다른 유목 민족인 메르키트 부족에게 납치된 일이 있어요. 칭기즈 칸은 메르키트 부족을 공격했지요.

이때, 수부타이가 작전을 세워 메르키트 부족을 소탕하는 데 큰 공을 세웠어요.

1219년, 칭기즈 칸이 호라즘을 정벌할 때에도 공을 세웠고,

1223년, 남러시아 초원으로 군대를 몰아 킵차크 족과 러시아 연합군을 물리치기도 했어요.

1233년, 칭기즈 칸에 이어 오고타이가 칸에 올라 세계 정복에 나서자, 그를 도와 중국 대륙의 금나라를 정벌했어요.

1236년, 오고타이의 명령으로 바투가 이끄는 유럽 원정군의 부사령관이 되어 동유럽을 공격했고

유럽 연합군의 길목을 차단하여 몽골 군이 승리를 거두는 데 큰 공을 세웠답니다.

10 서유럽은 내 것이다!
프랑스와 영국의
백년 전쟁
(1337~1453년)

1328년, 프랑스 카페 왕조의 샤를 4세가 후계자 없이 사망하자, 그의 사촌 형제인 발루아 가의 필리프 6세가 왕위에 올랐어요. 하지만 영국의 왕 에드워드 3세는 샤를 4세의 조카가 되는 자신이 프랑스의 왕위를 계승해야 한다고 주장했지요.

프랑스에서는 "에드워드 3세의 어머니가 아무리 카페 왕가 출신이라 해도 영국으로 시집갔으면 그만이지. 그녀의 아들인 영국 왕이 프랑스의 왕위를 계승하는 것은 말도 안 되는 소리!"라며 펄쩍 뛰었어요.

그러자 프랑스와 전쟁을 벌여야 할 또 다른 이유가 있었던 에드워드 3세는 프랑스를 공격했어요. 그때부터 프랑스와 영국 간의 전쟁이 시작되었고, 무려 100년이 넘도록 계속되었어요.

영국이 큰 승리를 거둔 크레시 전투

"군사들은 모두 언덕으로 향하라!"

1346년 8월 26일, 프랑스 북부 어느 숲속에서 휴식을 취하고 있던 병사들에게 전투 명령이 내려졌어요. 명령을 내린 인물은 영국의 왕 에드워드 3세로, 프랑스를 공격하기 위해 1만 2천 명의 군사를 이끌고 한 달 전쯤에 도버 해협을 건너왔어요.

한편 필리프 6세가 이끄는 프랑스 군은 약 4만 명 정도로 영국 군보다 세 배 이상이나 되었어요. 그중 1만 5천 명은 제노바 용병들로 구성된 석궁 부대였어요.

군악대의 우렁찬 음악과 함께 프랑스 석궁병들이 일제히 화살을 쏘기 시작했고, 영국도 이에 맞서 일제히 긴 화살을 발사했어요.

영국 군은 프랑스 석궁병들이 미처 다시 화살을 쏘기도 전에 두세 차례 이상이나 계속해서 화살을 쏘아댔어요. 게다가 천둥소리를 내는 대포까지 발사했어요.

긴 화살과 대포의 위력에 프랑스 군은 혼란에 빠져 엄청난 사상자를 낸 채 후퇴했어요. 또 비늘 갑옷으로 무장한 기사들로 구성된 프랑스 기병대가 영국 군을 향해 돌격했지만, 긴 화살과 대포 공격에 놀라 넘어졌어요.

전투를 벌인 곳은 프랑스 북부 항구 도시 칼레 남쪽에 위치한 크레시라는 마을의 언덕이었어요. 그래서 이 전투를 '크레시 전투'라고 불러요.

크레시 전투에서 영국은 큰 승리를 거두었고 프랑스는 위기를 맞게 되었어요.

크레시 전투에서 승리한 영국 군의 비결

1. 우수한 무기들

장궁 : 1.8미터 정도의 긴 활에 활시위를 손으로 당겨 쏘는 것으로, 같은 시간에 석궁보다 3~4배 정도 더 많이, 더 멀리 쏠 수 있으며, 정확도도 높았어요.

대포 : 영국 군은 장궁뿐 아니라 대포로 적군을 위협하기도 했어요. 크레시 전투에서 대포가 처음 사용되었어요.

캘트롭 : 긴 가시가 박힌 금속 조각으로, 땅에 놓아 두면 적군이나 말이 이것을 밟아 상처를 입도록 해 진격 속도를 늦출 수 있게 도와주는 무기였어요. 영국 군은 장궁들을 보호하기 위해 프랑스 기병대가 진격해 올 곳에 미리 캘트롭과 장애물을 설치해 큰 효과를 보았어요.

2. 전투에 유리한 위치 확보

영국 군은 유리한 위치를 확보한 후 전투를 벌였어요. 바로 언덕 위쪽에 미리 진지를 구축한 것이었지요. 언덕 위쪽에 있었기에 프랑스 군의 규모와 이동을 쉽게 바라볼 수 있었어요. 또 위쪽에서 아래쪽으로 공격할 수 있어서 적의 진격을 더디게 하는 데 유리했어요.

3. 프랑스 군의 떨어진 사기

필리프 6세가 이끄는 프랑스 군은 영국 군이 주둔해 있는 곳을 찾아 6일 동안이나 헤매고 다녔어요. 게다가 비까지 내려 군사들은 빗길을 뚫고 행군을 해서 많이 지쳐 있었지요. 반면 영국 군은 크레시의 숲속에서 충분한 휴식을 취하고 있었어요. 또한 프랑스 군은 왕, 백작, 남작 등 여러 지휘관들이 전술을 무시하고 제멋대로 이동했어요. 필리프 6세는 하루 정도 휴식을 취하고 다음날 전투를 벌이려고 했지만 통제가 어려워져 휴식 없이 곧바로 전투 명령을 내릴 수밖에 없었고, 군사들은 사기가 떨어진 채 전투를 해야 했어요.

백년 전쟁은 이렇게 일어났어요

1 센 강 하류에 노르망디 공국이 세워지다 (911년)

북유럽에 살던 노르만 족이 프랑크 왕국을 침입하여 파리를 점령하고 여러 도시에서 약탈 행위를 벌였어요. 그러자 911년 프랑크의 국왕 샤를 3세는 노르만 족의 우두머리를 공작으로 임명하며 센 강 하류 지역을 떼어 주고 지배하게 했어요. 그곳이 노르망디였고, 노르망디 공국이라 불렀어요.

2 노르망디 공국, 영국에 새 왕조를 세우다 (1066년)

노르망디 공국의 윌리엄 1세가 앵글로색슨 족이 다스리던 영국을 정복하고 영국에 새로운 왕조를 세웠어요. 윌리엄이 죽은 뒤 그의 큰아들은 노르망디 공국을 다스렸고 둘째 아들은 영국을 다스렸어요.

3 영국과 프랑스가 분쟁을 하다 (1154년)

영국에서 노르만 왕조가 막을 내리자 노르망디 공국이 다스리던 지역을 프랑스의 백작 가문이 계승했어요. 영국은 자기 영토를 빼앗기게 되자 이를 못마땅하게 여겨 프랑스와 분쟁을 벌였어요.

4 양모를 둘러싸고 싸움을 하다

프랑스 영토에 속해 있지만 경제적으로는 영국이 지배하던 플랑드르 지역을 프랑스가 차지하려고 했어요. 그러자 영국이 플랑드르 지방(오늘날의 벨기에)에 양모 수출을 금지했어요. 프랑스도 이에 대한 보복으로 프랑스 내에 있던 영국의 영토이자 유럽 최대의 포도주 생산지인 기옌 지방을 몰수하겠다고 선언했지요.

5 백년 전쟁이 일어나다 (1337년)

이런 대립 속에서 영국이 왕위 계승 문제를 이유로 프랑스를 공격했어요. 영국과 프랑스 간의 긴 전쟁이 시작된 거예요.

백년 전쟁은 이렇게 전개되었어요

1 도버 해협에서 해상전이 시작되다 (1337년)

프랑스와의 전쟁을 선포한 영국은 도버 해협에서 프랑스 군과 몇 차례 해상전을 벌여 승리를 거두었어요. 1340년에는 영국 함대가 라인 강 하구에 있는 슬로이스에서 프랑스 함대를 격파했어요. 하지만 지상전에는 큰 성과를 거두지 못했어요.

2 영국, 크레시 전투에서 승리하다 (1346년)

영국 왕 에드워드 3세가 직접 군대를 이끌고 프랑스 노르망디 해안에 상륙한 뒤 크레시 전투에서 큰 승리를 거두었어요. 다시 그 여세를 몰아 프랑스 북부에 있는 칼레를 함락시켰지요. 그런데 프랑스에 흑사병이 번져 일시적으로 휴전 협정을 맺고 영국 군은 본국으로 돌아갔어요.

3 장 2세가 포로로 잡히다 (1356년)

에드워드 3세의 아들인 흑태자(검은 갑옷을 입고 전투에 참가해 생긴 별명)는 푸아티에 전투에서 프랑스 군을 격파하고, 장 2세를 포로로 잡았어요. 프랑스는 장 2세를 석방하는 조건으로 엄청난 금액의 보상금과 프랑스 남서부에 있는 아키텐과 칼레 지역을 영국에게 넘겨준다는 조약을 맺었어요.

4 프랑스, 영토를 되찾다 (1369년)

1364년, 프랑스 샤를 6세가 왕위에 올라 아키텐 귀족들을 선동하여 영국의 지배에 반항하게 했어요. 그러자 1369년에 영국 군이 다시 프랑스를 공격했지요. 그렇지만 이번에는 프랑스 군이 승리를 거두었어요. 영국은 휴전 협정을 맺어 프랑스에게 받았던 영토를 대부분 돌려주어야만 했어요.

5 영국 군이 승리하다(1415년)

두 나라 사이의 전쟁이 한동안 중단되었다가, 1415년에 영국 군이 다시 프랑스를 공격했어요. 영국은 프랑스의 내분을 이용하여 프랑스 귀족인 부르고뉴파와 결탁하여 노르망디를 점령했어요. 그 후 북프랑스의 아쟁쿠르 전투에서 큰 승리를 거두며 북프랑스의 여러 도시들을 점령했지요.

6 헨리 5세가 프랑스 왕위 계승을 주장하다(1420년)

영국 왕 헨리 5세는 프랑스의 왕 샤를 6세의 딸과 결혼하여 자신이 프랑스의 왕위를 계승하겠다고 했어요. 그러나 샤를 6세의 아들인 샤를 7세가 이를 인정하지 않았고, 프랑스 중남부에 거점을 두고 영국 군과 전쟁을 벌였어요.

7 잔 다르크가 등장하다(1429년)

영국 군의 공격을 받은 황태자 샤를 7세는 루아르 강 남쪽으로 도망갔고, 영국 군은 1429년에 샤를 7세의 거점인 오를레앙을 포위했어요. 프랑스 전체가 영국에게 점령당할 위기에 처했어요. 바로 이때 잔 다르크가 등장해 프랑스를 구했지요.

백년 전쟁의 결과

잔 다르크의 등장으로 전세는 역전되기 시작해 1452년 프랑스가 보르도 전투에서 큰 승리를 거뒀어요. 백년 전쟁은 결국 프랑스의 승리로 막을 내렸어요. 전쟁의 결과 영국은 프랑스 지역에 차지하고 있던 대부분의 영토를 잃었고, 왕위 계승 문제를 놓고 30년간 장미 전쟁을 치러야 했어요. 프랑스 역시 전쟁에서 승리를 거두었지만 전 국토가 거의 폐허가 되었고, 기사층이 몰락해 봉건 귀족들이 무너졌어요. 대신 국왕의 권력이 크게 강화되었지요.

전쟁 속 영웅이야기

위기에 빠진 프랑스를 구한
프랑스의 성녀 잔 다르크

1412년, 프랑스의 한 농가에서 여자 아이가 태어났어요. 독실한 가톨릭 가정에서 자란 아이는 어느 날 미카엘 천사의 음성을 들었어요.

몇 차례 같은 내용의 천사 음성을 들은 잔 다르크는 1429년에 샤를 황태자를 찾아갔어요.

황태자님! 전투에 참가하게 해 주세요! 저는 신에게 프랑스를 구하라는 명령을 받았어요!

황태자는 잔 다르크가 프랑스 군을 구하기 위해 신의 계시를 받았다고 하면 프랑스 군의 사기가 올라갈 것이라 여겨 그녀를 프랑스 수비대에 참가시켰어요.

프랑스는 오를레앙을 영국 군에게 점령당하면 프랑스의 심장인 파리를 되찾지 못하는 것은 물론 루아르 강의 훨씬 남쪽으로 후퇴해야 했지요.

오를레앙 전투에서 프랑스 군은 점점 지쳐 갔고, 전세는 영국 군에게 유리해지고 있었어요.

바로 그때 프랑스의 한 지원 부대가 등장했는데, 부대 맨 앞에 용감하게 군사들을 지휘하는 인물이 있었어요.

바로 잔 다르크였어요. 그녀의 등장으로 프랑스 군은 용기를 얻었고

영국 군의 사기는 크게 떨어져 전세가 갑자기 바뀌었어요. 결국 영국 군은 오를레앙에서 후퇴했어요.

그 후 1430년 5월, 잔 다르크는 콩피에뉴 전투에 참전하여 활약을 펼치다 잡혀 종교 재판에 넘겨졌어요.

죄목은 교회 성직자를 거치지 않고 직접 신적인 존재와 접촉했다는 것이었어요. 잔 다르크는 7번의 재판을 받은 뒤 마녀로 몰려 화형당했어요.

뒤에 샤를 7세는 그녀의 유죄 판결을 파기하고 그녀의 명예를 회복시켰어요. 교회에서는 1920년 잔 다르크를 성녀로 떠받들었답니다.

11 오스만 제국의 영광을 위해! 오스만 투르크의 영토 확장 전쟁
(1299~1571년)

1299년, 아시아 대륙의 서쪽 끝 아나톨리아 반도에서 오스만이라는 인물이 십자군 전쟁과 몽골 침입으로 몰락한 셀주크 투르크의 용병들을 모아 작은 왕국을 세웠어요. 바로 오스만 투르크 왕국이었어요.

오스만 투르크 왕국은 강력한 군사 조직을 이루어 아나톨리아 일대를 평정했고, 전쟁을 통해 발칸 반도를 정복한 뒤 세력을 넓혀갔어요. 1453년에는 동로마 제국을 공격했고, 1571년에는 지중해의 패권을 놓고 베네치아·제노바·에스파냐 연합군인 신성 동맹 함대와 해전을 벌이기도 했어요.

아시아·아프리카·유럽의 3개 대륙에 걸친 광대한 영토를 지배했던 오스만 투르크는 영토 확장을 위해 많은 전쟁을 치루었답니다.

신성 동맹 함대와 투르크 함대가 맞붙은 레판토 해전

1571년 10월 7일, 이오니아 해와 에게 해를 연결하는 지점에 수백 척의 군함이 등장했어요. 황새치라는 물고기처럼 배의 앞머리 밑이 뾰족하게 돌출된 모양을 하고 있는 갤리선들이었어요.

오스만 투르크 함대가 지중해에 진출해 키프로스 섬을 점령하자, 키프로스를 소유하고 있던 이탈리아 베네치아 공국이 유럽의 기독교 국가들에게 도움을 요청했어요. 오스만 투르크의 지중해 장악과 지중해 서쪽으로의 진출을 막기 위해 유럽의 기독교 국가들이 뭉쳤어요. 그들은 신성 동맹을 맺고 연합 함대를 결성해 투르크 함대를 공격했지요.

200여 척에 달하는 신성 동맹의 함선들과 270척에 달하는 오스만 투르크의 함선들이 뒤엉켜 격렬한 전투를 벌였고, 결국 십자가 깃발을 나부끼며 바다를 누빈 신성 동맹 함대가 오스만 투르크 함대를 물리치고 승리를 거두었어요.

이 해전은 그리스의 레판토라는 항구 도시 앞바다에서 벌어져서 '레판토 해전'이라 불러요.

레판토 해전의 특징

1 유럽에서 처음으로 함포가 사용되다

함선의 공격용 대포를 함포라고 해요. 유럽의 해전에서 처음으로 함포가 사용된 것이 바로 레판토 해전이었어요. 물론 레판토 해전에서도 뱃머리 부분에 설치한 충각이라는 돌출된 부분으로 적의 함선을 들이받아 파괴하는 방법을 사용했지요. 그러나 신성 동맹 함대의 갤리선 갈레아스 선에는 대형 함포를 설치했어요. 결국 함포는 오스만 투르크 군사들의 사기를 크게 떨어뜨려 신성 동맹군이 전투를 승리로 이끄는 데 큰 공을 세웠어요.

레판토 해전보다 200년 앞서 함포를 사용한 진포 해전

1380년, 고려는 진포 해전에서 100척의 함선으로 500척이 넘는 왜구의 함선을 크게 무찔렀는데, 이때 바로 함포를 사용했어요. 최무선이 화약 개발에 성공한 뒤 총통을 만들어, 진포에 침입한 왜선을 함포로 공격했어요. 이는 서양의 레판토 해전보다 200년이나 앞선 것이었어요.

2 갤리선이 사라지다

갤리선은 고대 그리스·로마 시대부터 지중해를 중심으로 사용된 배였어요. 노를 주로 쓰고 돛을 보조적으로 사용하는 군용선이지요. 배의 앞머리에 적의 배에 충돌하여 큰 충격을 주려고 단 충각 장치는 황새치와 닮은 모양이었어요. 길이는 35미터를 넘고, 양쪽에 각각 30개가 넘는 노 젓는 자리가 있었으며, 자리마다 노 젓는 사람이 3명 이상 배치되었어요. 속도가 아주 빨라서 기동력이 매우 뛰어났지요. 그렇지만 레판토 해전을 마지막으로 갤리선은 사라지고, 그 후 범선이 등장하며 함포 공격을 중심으로 하는 전투가 전개된답니다.

1. 오스만 투르크와 발칸 반도 연합군의 코소보 전투(1389년)

오스만 투르크는 발칸 반도를 차지하기 위해 발칸 반도의 국가들과 전쟁을 벌였어요. 당시 세르비아의 중심지인 코소보 평원에서 세르비아·불가리아·알바니아·보스니아 등의 발칸 반도 연합군과 벌인 코소보 전투예요. 오스만 투르크 군대는 무라드 1세가, 발칸 반도 연합군은 세르비아의 왕 라자르 공이 지휘했지요. 전투는 오스만 투르크 군대의 승리로 끝났고, 그때부터 오스만 투르크가 발칸 반도를 지배했어요.

2. 오스만 투르크와 티무르 제국의 앙카라 전투(1402년)

오스만 투르크는 티무르 제국과 아나톨리아 고원에 있는 도시 앙카라에서 전투를 벌였어요. 티무르 제국은 칭기즈 칸의 후손인 티무르가 몽골 제국의 부활을 꿈꾸며 세운 나라로, 당시 중앙아시아를 비롯해 서남아시아까지 거대한 세력을 키워 나가고 있었어요.

그런데 오스만 투르크의 술탄 바야지트 1세가 티무르 제국을 위협하자, 티무르가 20만 대군을 이끌고 아나톨리아로 쳐들어온 것이에요. 바야지트 1세는 12만 대군을 이끌고 이에 맞섰지만 뼈아픈 패배를 맛보아야 했고, 결국 포로로 잡혔다가 죽었어요.

3. 오스만 투르크의 콘스탄티노플 점령(1453년)

앙카라 전투의 패배로 오스만 투르크는 10년 동안 바야지트 1세의 아들들이 황제 자리를 놓고 다툼을 벌였어요. 1405년 티무르가 죽자 바야지트 1세의 아들 중 하나인 메메트 1세가 다시 오스만 투르크 제국의 주권을 회복했으며, 그의 손자 메메트 2세는 1453년에 동로마 제국의 수도인 콘스탄티노플을 공격하여 점령했어요.

오스만 투르크는 견고한 삼중의 성벽으로 수백 년 동안 외적의 침입을 막아온 콘스탄티노플 점령에 성공함으로써 동로마 제국을 멸망시켰어요. 그리고 수도를 콘스탄티노플로 옮겼어요. 그때부터 콘스탄티노플은 이스탄불이라는 이름으로 불리게 되었답니다.

투르크 족은 누구일까?

고구려와 전투를 벌였던 돌궐족

오스만 투르크를 세운 투르크 인들은 중앙아시아 알타이 산맥 부근의 초원 지대에서 살던 유목 민족이에요. 이들은 6세기 무렵에 알타이 산맥을 중심으로 알타이 산맥과 중앙아시아 일대에 제국을 건설했는데, 중국 사람들은 투르크 족을 '돌궐'이라 불렀어요. 그 뒤로 돌궐은 고구려와 전쟁을 벌이기도 했고, 함께 동맹을 맺어 중국 수나라를 공격하기도 했어요.

이슬람 세계의 지배자

투르크 족은 원래 유목민으로 고유한 문화와 신앙을 지니고 있었어요. 그러다가 751년 중국 당나라와 이슬람 세력이 탈라스 강에서 전투를 벌였을 때 이슬람 세력 편에 가담한 것이 계기가 되어 이슬람교를 받아들였어요. 960년 무렵에는 100만 명이 되는 투르크 인이 이슬람교로 개종했어요. 11세기에는 투르크 족이 세운 셀주크 투르크가 힘을 키워 분열된 이슬람 왕조를 통일하고, 이슬람 세계의 새로운 지배자가 되어 이슬람 문화의 수호자 역할을 했어요.

오스만 투르크
영토 확장 전쟁의 결과

콘스탄티노플을 점령한 오스만 투르크는 전성기를 맞이했어요. 아프리카, 아시아, 유럽 등에 이르는 대제국을 건설했고, 이스탄불은 비잔티움 문화와 이슬람 문화가 어우러져, 다양한 문화가 꽃을 피었어요. 그러나 레판토 해전 이후 오스만 투르크의 세력은 쇠퇴했고, 지중해의 주도권도 잃었어요.

에스파냐 무적함대와 영국 함대가 맞붙은 칼레 해전

1 에스파냐가 신대륙을 개척하다

레판토 해전의 승리를 이끈 에스파냐 함대는 무적함대라고 불리며 세계 곳곳의 바다를 누비고 다녔어요. 에스파냐는 신대륙을 발견한 후 항로를 개척하고 무적함대로 하여금 통상로를 보호하게 했고 신대륙의 금과 은을 독차지하며 막대한 부를 축적했어요.

2 영국 상인들이 해적으로 가장하다

영국의 상인들이 신대륙과 무역을 하려고 할 때마다 번번이 무적함대에게 발목이 잡혔어요. 영국은 이를 못마땅하게 여겼어요. 그래서 영국의 상인들은 해적으로 가장하여 에스파냐 상선들의 재물을 약탈했고, 영국 왕실은 이를 뒤에서 지원해 줬어요.

3 영국이 공격을 하다

화가 난 에스파냐 국왕 펠리페 2세가 영국에게 최후통첩을 보냈어요. 하지만 오히려 영국의 엘리자베스 1세는 1588년 먼저 기습적으로 카디스 항에 정박해 있는 에스파냐의 군함들을 공격했지요.

4 칼레에서 대규모 해전이 벌어지다

이에 에스파냐의 무적함대가 등장하여 영국 함대와 칼레(지금의 도버 해협)에서 대규모 해전을 벌였는데, 전함의 수는 에스파냐가 많았지만 화력이 좋은 대포와 능숙한 경험을 가진 영국 함대가 승리했어요.

5 영국, 유럽 최고의 해양 국가로 등극하다

칼레 해전에서 영국 군이 승리를 거두자 무적함대를 자랑했던 에스파냐는 해양 강국의 자리에서 물러나게 되었고, 대신 영국이 유럽 최고의 해양 국가로 성장하게 되었답니다.

전쟁 속 영웅이야기

유럽의 연합 함대를 승리로 이끈
돈 후안 데 아우스트리아

돈 후안은 1547년 카를 5세의 서자로 태어났어요. 카를 5세는 신성 로마 제국의 황제에 즉위했고, 뒤에 카를로스 1세로 에스파냐 국왕 자리에도 올랐지요.

1559년, 카를로스 1세가 죽고 그의 아들 펠리페 2세가 국왕이 되었어요. 그는 이복동생인 후안을 카를로스 1세의 서자로 인정했어요.

그때부터 후안은 공식적으로 왕족이 되었어요. 뛰어난 무술 실력을 지닌 그는 스스로 군인의 길을 선택했어요.

1567년 기병대 지휘관으로 전투에 참가했고, 1570년에는 안달루시아 지방에서 일어난 무어 인(이베리아 반도를 정복했던 이슬람교도)들의 반란을 진압하는 데 큰 공을 세웠어요.

1571년에는 로마 교황에 의해 신성 동맹 연합군 총사령관에 임명되었어요. 로마 교황은 펠리페 2세의 후원을 받는 그의 능력을 높이 샀지요.

육군 지휘관이었지만 해군 총사령관이 된 후안은 우선 여러 연합군 지휘관들의 의견에 귀를 기울였어요.

그들의 의견을 하나로 모아 연합군의 분열을 막고 강력한 전투력을 얻으려고 했어요.

1571년, 드디어 레판토 해전에서 탁월한 지휘 능력을 발휘하여 신성 동맹의 연합군을 승리로 이끌어 레판토의 영웅이 되었어요.

그러자 펠리페 2세는 후안을 견제하기 시작했어요. 자신의 국왕 자리가 위태로워질까 두려웠기 때문이에요. 그래서 후안을 네덜란드의 총독으로 내보냈지요.

당시 네덜란드는 구교인 가톨릭과 신교 사이의 대립으로 종교 전쟁을 벌이는 중이었는데, 그는 그곳에서 활약을 펼치다가 1578년 31세의 젊은 나이로 병을 얻어 죽고 말았어요.

12 구교와 신교가 대립하다! 30년 전쟁
(1618~1648년)

1517년 루터가 종교 개혁을 일으킨 후, 유럽은 로마 교회를 따르는 구교와 루터를 비롯해 종교 개혁자들을 따르는 신교 사이에 종교 대립이 일어났어요.

그러다가 1618년 신성 로마 제국이 종교적인 문제로 전쟁을 일으켰는데, 유럽의 거의 모든 나라들이 참전하게 됐어요. 그들은 종교와 왕조, 영토 등의 문제를 이유로 다투기 시작했었어요. 30년 전쟁이 끝난 뒤 유럽의 세력 판도가 크게 바뀌었어요.

신교 연합군이 처음으로 승리한 브라이텐펠트 전투

1631년 9월 17일, 신성 로마 제국의 황제 페르디난트 2세의 군대를 비롯해 구교의 연합군과 신교의 연합군이 라이프치히 근처 브라이텐펠트 평원에서 전투를 벌였어요.

"적진 왼쪽에 작센 지역에서 온 군대가 있다. 작센 군대를 공격하라! 그 뒤, 옆 쪽을 돌아 스웨덴 군의 뒤를 공격하면 쉽게 승리할 것이다!"

황제군의 장군이며 구교 연합군의 총사령관인 틸리 백작이 전투 명령을 내렸어요. 황제군은 작센의 군대를 집중 공격했어요.

"작센 군대가 무너진다. 사령관은 군대를 이동시켜라!"

스웨덴의 국왕 구스타브 2세가 스웨덴 군에게 다급하게 명령을 내렸지요.

틸리 백작의 말처럼 작센 군대는 쉽게 무너졌지만 스웨덴 좌익군 사령관의 군대는 황제군의 측면에 새로운 전선을 형성했어요. 그 사이 구스타브 2세가 이끄는 군대도 황제군의 왼쪽을 포위하며 황제군을 공격했어요.

이 전투는 구스타프 2세가 이끄는 스웨덴 군의 대승으로 끝났어요. 30년 전쟁에서 신교 연합군이 처음으로 승리를 거둔 대규모 전투였어요.

1. 30년 전쟁이 일어나게 된 배경

신성 로마 제국이라 불리며 로마 교회와 친밀한 관계를 이어 오던 독일에서 신학자 루터가 로마 가톨릭 교회를 비판하며 종교 개혁을 일으켰어요. 루터를 지지하는 지방 제후들이 생겨났고 교황을 지지하는 가톨릭계 제후들과 대립했어요. 물론 신성 로마 제국의 황제는 가톨릭 편이었지요. 결국 두 세력의 대립이 점점 심해지더니, 1618년 보헤미아라는 곳에서 충돌하며 전쟁이 일어났어요.

2. 보헤미아 전쟁 (1618~1623년)

보헤미아는 신성 로마 제국의 왕위를 잇고, 합스부르크 왕가의 지배를 받는 제후국이었어요. 1617년 합스부르크 왕가의 페르디난트 2세가 보헤미아의 왕이 되어 사람들에게 가톨릭을 따를 것을 강요했어요.

그러자 1618년, 신교를 따르는 보헤미아의 귀족들이 반란을 일으켜 합스부르크 왕가의 지배를 거부하고 자신들의 지도자인 프리드리히 5세를 새로운 국왕으로 세웠어요. 1619년, 신성 로마 제국의 왕위를 계승한 페르디난트 2세는 가톨릭 동맹과 에스파냐의 지원을 받아 프리드리히 국왕이 이끄는 신교도들과 전쟁을 벌였어요. 결국 1620년 프라하의 서쪽 바이서 베르크 전투에서 큰 승리를 거두었지요.

3. 덴마크 참전 전쟁 (1625~1629년)

1625년, 독일 영토를 차지하려는 야심을 가졌던 덴마크의 왕 크리스티안 4세가 영국과 네덜란드의 원조를 받아 독일을 침공했어요. 이에 페르디난트 2세는 발렌슈타인을 황제군 총사령관으로 임명했고, 발렌슈타인은 크리스티안 4세가 이끄는 군대를 격파했어요. 덴마크는 독일에서 물러났고 전쟁에서 승리한 페르디난트 2세는 프로테스탄트가 얻은 가톨릭 재산을 원래대로 가톨릭 교회에 돌려주라고 명령했어요.

4. 스웨덴 참전 전쟁 (1630~1635년)

1630년, 덴마크 군대가 신성 로마 제국 군대에게 패하자 독실한 신교도였던 스웨덴의 구스타브 2세가 프랑스의 후원을 얻고 작센 군대와 연합하여 다시 독일을 공격했어요. 1631년에는 라이프치히의 부근인 브라이텐펠트에서 큰 승리를 거두었지요. 그 후에도 전쟁이 계속되다가 1635년 페르디난트 2세는 작센을 비롯한 프로테스탄트의 제후들과 프라하에서 휴전 협정을 맺었어요.

5. 프랑스·스웨덴 참전 전쟁 (1635~1648년)

1635년, 스웨덴과 신교를 지지하던 세력이 불리해지자 프랑스가 직접 전쟁에 뛰어들었어요. 전쟁은 엎치락뒤치락 공방전을 벌이다가 1640년부터 프랑스와 스웨덴의 군대가 에스파냐와 신성 로마 제국의 황제군을 크게 물리치기 시작했어요. 결국 신성 로마 제국의 황제는 전쟁을 끝내자고 제의했지요. 그리하여 1648년, 조약이 성립되어 30년간의 종교 전쟁은 막을 내렸어요.

'항의하는 사람' 이란 뜻의 프로테스탄트

루터의 종교 개혁 이후, 신성 로마 제국 내의 제후들은 자기 영토 내의 종교를 스스로 결정하기로 했어요. 하지만 카를 5세가 이를 인정하지 않자 루터를 지지하는 제후들은 카를 5세에 반발하며 이에 항의했지요. 이때 '항의하는 사람'이라는 뜻의 독일어 'protestant(프로테스탄트)'가 개신교를 가르키는 말로 쓰이게 되었답니다.

30년 전쟁의 결과

유럽의 많은 나라들을 전쟁으로 끌어들인 30년 전쟁은 1648년 독일 북서부에 있는 베스트팔렌에서 조약을 맺으며 끝을 맺었어요. 이 전쟁으로 프랑스와 스웨덴이 유럽의 강국으로 떠올랐고 에스파냐는 영향력을 잃게 되었어요. 신성 로마 제국을 다스렸던 합스부르크 왕가와 에스파냐의 지배를 받은 스위스와 네덜란드는 독립 국가가 되었고 신성 로마 제국의 제후국들은 정치적으로 독립을 보장받아 신성 로마 제국은 분열되었어요. 또 루터파와 칼뱅파에게 가톨릭과 동등한 신앙의 지위가 주어져 교황의 권력이 약해지게 되었답니다.

브라이텐펠트 전투를 승리로 이끈
북방의 사자왕 구스타브 2세

1397년, 덴마크의 왕이자 노르웨이의 국왕이었던 마르그레테 여왕은 스웨덴 귀족들도 자기편으로 만들어 칼마르 동맹을 맺었어요. 즉 덴마크·노르웨이·스웨덴 3국이 연합 국가를 이루었지요.

스웨덴의 시민과 농민들은 이를 반대하는 반란을 일으켰고, 이를 이용하여 1523년 덴마크 세력을 몰아내고 스웨덴의 국왕에 오른 인물이 있었어요. 바로 구스타브 1세!

그는 1527년부터 루터의 종교 개혁을 지지하며 가톨릭 교회의 재산을 몰수하여 경제적 기반을 닦아 왕권을 키웠어요.

그를 이어 왕위에 오른 구스타브 2세는 뛰어난 군인이자 독실한 프로테스탄트로 '북방의 사자왕'이라고 불렸어요. 그는 러시아와 전쟁도 벌였지요.

그러던 중, 독일을 공격해 신성 로마 제국의 황제군과 맞붙은 신교의 덴마크 군대가 무참히 패했다는 소식을 듣고, 1630년 독일을 공격하기로 결정했어요.

그는 스웨덴 정예병을 거느리고 배를 타고 발트 해를 건너 독일의 북부 지역에 상륙한 뒤 다시 보헤미아까지 진격했어요.

이에 맞선 황제군 총사령관은 일흔 살이 넘은 틸리 백작이었어요.

1631년, 스웨덴 군대는 라이프치히의 브라이텐펠트 평원에서 황제군과 치열한 전투를 벌여 대승을 거두었고, 구스타브 2세는 군대를 이끌고 다시 독일 남부로 진격했어요.

1632년, 황제군 총사령관 발렌슈타인이 이끄는 군대와 뤼첸에서 치열한 전투를 벌여 승리를 거두었지만, 구스타브 2세는 전사하고 말았어요.

그는 프로테스탄트 진영이 가톨릭 연합군을 처음으로 이긴 브라이텐펠트 전투의 주인공이었으며, 많은 업적을 남겼어요.

군인을 국민들 중에서 직접 모집, 훈련시켜 강력한 국민 군대를 만들었어요. 이는 용병을 사서 전투하는 유럽의 다른 나라들에게 군사 제도 개혁의 모범이 되었어요.

13 북아메리카의 독립을 위해! 미국 독립 전쟁 (1775~1783년)

1773년 12월 16일 밤, 북아메리카 보스턴 항구에 정박해 있던 선박 두 척에 인디언 차림을 한 사람들이 몰래 숨어들어 배에 가득 실려 있던 상자를 부수고 그 안에 있던 물건을 몽땅 바다에 던지고 도망쳤어요. 습격을 받은 배는 영국의 동인도 회사 소속의 배였고, 인디언 차림을 한 괴한들은 보스턴 시민들이었지요. 그들이 바다에 버린 물건은 차였는데, 당시 동인도 회사에게만 차 무역 독점권을 준 영국의 정책을 반대하여 시민들이 이런 행동을 벌인 것이었어요.

영국 정부는 군대를 보내 보스턴 항구를 봉쇄하고 외곽을 포위한 다음 식민지였던 아메리카를 심하게 탄압했어요. 아메리카 식민지 대표들도 힘을 합쳐 영국 정부의 간섭에서 벗어나기 위해 대항했지요. 1775년에서 1783년까지 영국과 식민지 아메리카 사이에서 전쟁이 벌어졌어요.

미국 독립 전쟁의 결말을 지은 요크타운 전투

1781년 7월 말, 식민지 아메리카 공격에 나선 영국 군 사령관 콘월리스는 7,000여 명의 영국 해군을 이끌고 미국 동부 버지니아 주 요크타운에 요새를 구축했어요. 그동안 전투에서 미국 독립군과 미국의 동맹국이 된 프랑스 군대에게 잇따라 패한 상황이었어요. 그들은 전세가 불리해지자 요크타운으로 이동해 지원군과 구조 함대를 기다리고 있었지요.

"영국 해군이 요크타운에 머무르고 있다고? 전쟁을 끝낼 수 있는 좋은 기회다. 해상에서는 프랑스 함대가 영국 함대를 막고, 육지에서는 아메리카와 프랑스의 연합군이 요크타운을 포위해 공격한다면 승리는 우리 것이다!"

미국 독립군의 총사령관 조지 워싱턴은 아메리카와 프랑스 연합군을 이끌고 요크타운으로 향했어요. 한편, 프랑스 함대는 요크타운 해상을 봉쇄했고 라파예트 장군이 이끄는 8,000명의 프랑스 군대는 육로 쪽의 탈출로를 모두 차단했어요.

9월, 드디어 16,000명에 이르는 아메리카와 프랑스 연합군이 요크타운을 공격했어요. 프랑스 군대의 대포 공격과 워싱턴의 부관이었던 해밀턴 중령의 계속된 기습 공격으로 영국 군은 중요한 요새 두 곳을 잃고 위기에 처했어요. 결국 1781년 10월 19일, 영국의 콘월리스 장군은 미국 독립군 총사령관인 조지 워싱턴에게 항복했어요.

미국 독립 전쟁의 도화선이 된
보스턴 학살 사건과 보스턴 차 사건

1. 식민지의 반발 식민지를 개척하기 위해 오랫동안 전쟁을 벌여 심한 재정난을 겪게 된 영국은 재정 부담을 북아메리카에게 떠넘겼어요. 그러자 북아메리카 식민지인들은 이에 불만을 품고 영국 정부에 반대했어요.

2. 보스턴 학살 사건 영국은 북아메리카로 군대를 보내 강력하게 법을 집행했고, 사람들의 불만은 더욱 커졌어요. 1770년 3월 보스턴의 시민들이 이동 중이던 영국 군에게 야유와 함께 눈덩이를 던졌어요. 이에 흥분한 영국 군들이 군중을 향해 총을 쏴 5명의 시민이 사망한 사건이 일어났어요.

3. 보스턴 차 사건 1773년 12월 영국의 동인도 회사가 재정난에 허덕이자 영국 정부가 동인도 회사에게 차 무역에 대한 독점권을 주고 면세 특권까지 주었어요. 차 무역을 하던 식민지인들은 큰 타격을 입었고, 이에 불만을 품은 보스턴 시민들이 보스턴 항구에 정박해 있는 영국 선박을 습격했어요.

4. 미국 독립 전쟁 시작 영국 정부와 아메리카 식민지인들은 심각하게 대립했고, 1775년 4월 보스턴 서쪽 렉싱턴과 콩코드에서 무력 충돌이 일어나 전쟁이 시작되었어요.

렉싱턴·콩코드 전투 (1775년)

1775년 4월 19일, 식민지 주민들의 무기고를 파괴하기 위해 7,000여 명의 영국 군이 보스턴 서쪽에 있는 콩코드로 출동했어요. 식민지 주민들은 민병대를 결성하여 렉싱턴에서 영국 군을 맞아 전투를 벌였지요. 영국 군은 민병대를 물리치고 콩코드로 진출했고, 다시 식민지 민병대와 영국 군은 콩코드 강 다리 위에서 전투를 벌였어요. 영국 군은 늘어난 민병대의 공격을 받아 후퇴했어요.

보스턴 포위 전투 (1776년)

렉싱턴과 콩코드 전투 이후 민병대는 점점 늘어나 보스턴 시를 포위했어요. 1775년 5월, 식민지 대표들이 모여 2차 대륙 회의를 열어 정부를 수립했고, 워싱턴을 식민지 군사령관으로 임명했어요. 워싱턴은 1776년 3월 4일 식민지 군대를 이끌고 보스턴을 공격했고, 결국 영국 군은 보스턴에서 철수했어요.

식민지인들의 독립 결의를 굳게 한 〈독립 선언서〉

전쟁이 한창이던 1776년 7월 4일, 아메리카는 독립 선언서를 발표했어요. 토마스 제퍼슨이 기초한 〈독립 선언서〉는 '인간은 생명·자유·행복을 추구할 자유권을 지키기 위하여 계약에 의해 정부를 세우며, 그 정부가 국민의 기본 권리를 파괴했을 때, 국민은 그 정부를 변혁하여 새로운 정부를 세울 수 있다.'는 내용을 담고 있었어요.

 ### 롱아일랜드 전투 (1776년)

식민지 측에서 〈독립 선언서〉를 발표하며 영국 측의 평화 제의를 거부하자, 영국 정부는 대규모 함대를 파견했어요. 영국 군은 뉴욕 남동부에 있는 롱아일랜드 섬에 상륙해 조지 워싱턴 부대를 무찔렀어요.

 ### 트렌턴과 프린스턴 전투 (1776~1777년)

영국 군의 롱아일랜드 공격으로 큰 피해를 본 워싱턴은 1776년 12월 성탄절날 밤에 군대를 이끌고 얼어붙은 델라웨어 강을 건넜어요. 다음날 아침 독일 용병과 영국 연합군의 군대를 기습하여 1,000여 명의 적군을 포로로 잡고 승리를 거두었지요. 그러자 영국 군이 다시 트렌턴을 공격했는데, 워싱턴 부대는 이미 트렌턴에서 빠져나와 프린스턴에서 다시 영국 군 추가 병력을 무찔렀어요.

 ### 새러토가 전투 (1777년)

1777년 9월과 10월, 현재의 뉴욕 주 올버니의 새러토가에서 두 차례 전투가 벌어졌어요. 영국 군은 결국 항복했고 프랑스는 미국의 독립을 승인하고 식민지군과 한편이 되어 전쟁에 참전하여 요크타운 전투에서 큰 승리를 거두었어요.

미국 독립 전쟁의 결과

요크타운 전투에서 패하고 전쟁에 지친 영국은 평화를 원하게 되었고, 그 결과 1783년 파리에서 미국 독립 전쟁을 끝내는 회의가 열려 〈파리 평화조약〉이 체결되었어요. 이 조약에서 영국은 미국의 완전 독립을 승인했으며, 미국의 영토로 캐나다와 플로리다를 제외한 미시시피 강 동쪽의 땅을 인정했어요.

전쟁 속 영웅이야기

미국 독립 전쟁을 승리로 이끄는 데 앞장선
조지 워싱턴

조지 워싱턴은 1732년 미국 버지니아 주에서 부유한 지주의 아들로 태어났어요. 1754년 영국과 프랑스 사이에 전쟁이 벌어지자 영국 군으로 전쟁에 참여했지요.

1765년부터 영국 정부와 아메리카 식민지 사이에 분쟁이 일어나자, 그는 영국 정부의 정책에 크게 반발하여 영국 상품 불매 운동에 앞장섰어요.

1774년, 식민지 대표들이 영국의 탄압에 대처하기 위해 모인 1차 대륙 회의에 버지니아 대표로 참석했고, 1775년에 열린 2차 대륙 회의에서는 무력으로 영국 군에 대항하자는 결의가 이루어지자 총사령관에 임명되었어요.

식민지 군대를 이끌고 승리를 거둔 전투도 있었지만, 잘 조직되고 훈련된 영국 군에게 여러 차례 패하기도 했어요.

그렇지만 조지 워싱턴은 군사들을 열심히 훈련시켰고, 사람들을 잘 이끌었어요.

1781년 프랑스 군의 지원을 받아 요크타운 전투에서 결정적인 승리를 거두고 독립 전쟁을 성공으로 이끌었어요.

1787년에 열린 헌법 제정 회의에서 의장직을 맡아 새로운 연방 헌법을 제정하고, 선거에서 대통령에 당선되었어요.

1787년 4월 30일, 미국의 초대 대통령에 취임하여 국가 발전을 위해 노력했어요.

1796년에는 3선 대통령으로 추대되었으나 민주주의 전통을 세워야 한다는 이유로 끝내 사양하고 고향으로 돌아가 남은 생애를 보냈어요.

1799년 그가 죽자, 미국은 슬픔에 잠겼어요. "워싱턴은 전쟁에서도 1인자였고, 평화에서도 1인자였으며, 동포들의 마음속에서도 1인자." 라고 칭송을 했고 그는 미국 국민들로부터 지금까지 존경을 받고 있어요.

14 내 사전에 불가능은 없다! 나폴레옹 전쟁
(1796~1815년)

1789년 7월 14일, 프랑스 파리 민중들이 바스티유 감옥을 습격했어요. 이를 시작으로 프랑스에서 절대 왕정을 무너뜨리는 혁명이 일어났어요. 국민들에 의해 의회가 구성되고 공화제가 실시되었지만 정권을 잡은 정당이 공포 정치를 실시하며 나라는 다시 혼란에 빠졌어요. 혁명을 반대하고 국왕을 지지하는 왕당파가 반란을 일으키기도 했어요.

이때 국민의 영웅으로 떠오른 인물이 있었는데 바로 나폴레옹 보나파르트였어요. 그는 의회를 해산시킨 뒤 정권을 장악했고, 나중에는 국민 투표를 통해 프랑스의 황제가 되었어요. 그 후 유럽의 여러 나라들과 전쟁을 벌여 세력을 넓혀갔어요.

나폴레옹 군대와 유럽 동맹군의 마지막 대혈전 워털루 전투

1815년 6월 18일, 벨기에 중부 브뤼셀 동남쪽에 있는 워털루에서 나폴레옹 황제가 이끄는 프랑스 군대와 영국의 웰링턴 장군이 이끄는 영국·네덜란드·벨기에·독일 등의 동맹군이 전투를 벌였어요.
"중앙을 돌파해 적진을 가르고 각각, 양쪽 방향으로 적군을 격파하라!"

나폴레옹 황제의 명령에 따라 프랑스 포병들이 언덕 위 동맹군의 중심부를 향해 포탄을 발사했고, 뒤이어 기병들이 힘차게 언덕을 오르며 연합군 보병들이 막아선 대열을 뚫기 시작했지요.
"침착하게 적의 공격을 막아 내면 분명히 우리가 승리할 것이다!"
동맹군을 지휘하는 영국의 웰링턴 장군 역시 명령을 내렸어요.
하지만 동맹군은 프랑스 군대에 점점 밀리기 시작했고, 승리는 프랑스 쪽으로 기우는 듯했어요. 그런데 그때 갑자기 오른쪽에서 수만 명의 병사들이 나타나 프랑스 군대를 공격했어요. 그들은 블뤼허 장군이 이끄는 프로이센 군대였어요.
전세는 역전되어 프랑스 측의 전열이 흐트러지기 시작했고, 동맹군은 프로이센 군대와 함께 프랑스 군대에 거센 공격을 퍼부었어요. 결국 워털루 전투는 동맹군의 승리로 끝났어요.

1. 프랑스 혁명 전쟁

프랑스 혁명이 일어나자 유럽의 여러 나라들은 프랑스 혁명을 반대했어요. 그러자 프랑스 혁명 정부는 전쟁을 선포했어요. 1792년, 프랑스 혁명군은 처음으로 오스트리아와 전쟁을 벌였는데 처음에는 프랑스 군이 불리했어요. 그러나 농민들을 중심으로 한 의용군의 활약에 힘입어 프랑스 발미에서 오스트리아·프로이센 연합군을 물리쳤어요.

유럽의 왕권 국가들이 프랑스 혁명을 반대한 이유는?

혹시라도 국민들이 프랑스 혁명의 영향을 받아 왕이 국가를 다스리는 것을 반대하고 국민 대표가 국가를 통치하는 새로운 정치 체제를 세운다면 프랑스처럼 자신들도 권력을 잃고 죽임을 당할 수 있다고 생각했기 때문이에요.

2. 프랑스를 공격한 유럽 여러 나라

1793년 1월, 프랑스의 국왕 루이 16세가 처형당하고 벨기에가 프랑스에 점령당했어요. 이에 영국·에스파냐·네덜란드·이탈리아 등이 동맹을 맺고 프랑스를 공격했어요. 프랑스는 유럽에서 고립되었고 내부에서 왕당파의 반란까지 일어났어요. 그러나 프랑스 군은 그 후 각지에서 동맹군을 격파했고, 이때부터 나폴레옹이 이름을 떨치기 시작했어요.

3. 이탈리아와 이집트 정복

1796년 3월, 나폴레옹은 이탈리아 원정군 사령관으로 임명된 뒤 오스트리아 군을 격파하고 이탈리아를 점령했어요. 1798년 5월에는 5만여 명의 군사를 이끌고 이집트 원정에 나서 카이로를 점령했지요. 하지만 그해 7월, 프랑스 해군이 이집트 아부키르 해안에서 영국 함대에 패하여 본국과 연락이 끊기자 혼자서 이집트를 탈출, 10월에 프랑스로 귀국했어요.

 ## 이탈리아 원정에 나선 나폴레옹(1800년)

프랑스로 돌아온 나폴레옹은 다음 해인 1799년, 쿠데타를 일으켜 통령이 나라를 다스리는 새로운 정부를 만들고 자신이 제1통령에 취임했어요. 그러고는 오스트리아에게 사이좋게 지내자고 제안했는데, 오스트리아가 이를 거절하자 2차 이탈리아 원정에 나섰어요. 1800년 마렝고 전투에서 승리를 거두고 다시 이탈리아를 지배하게 되었어요.

트라팔가르 해전과 아우스터리츠 전투(1805년)

프랑스 황제로 즉위한 나폴레옹은 1805년 영국을 공격하기 위해 상륙 작전을 계획했어요. 그런데 프랑스 해군이 에스파냐 남서쪽 트라팔가르에서 넬슨 제독이 이끄는 영국 군에게 공격을 당했지요. 그러나 나폴레옹은 12월, 현재의 슬로바키아 아우스터리츠에서 오스트리아·러시아 동맹군을 격파하여 영국을 제외한 유럽 전체를 그의 발아래에 무릎 꿇게 했어요.

 ## 실패한 러시아 원정길(1812년)

트라팔가르 해전에서 패한 나폴레옹은 1806년에 대륙 봉쇄령을 내려 유럽 국가들과 영국 사이에 교역을 금지시켰어요. 그런데 러시아가 대륙 봉쇄령을 어기고 영국과 교역을 하자 1812년 나폴레옹은 50만 대군을 이끌고 러시아로 쳐들어갔어요. 쉽게 모스크바를 점령했지만 도시는 텅 비어 있었고 화재로 식량도 구할 수 없었어요. 겨울이 닥쳐오자 결국 후퇴할 수밖에 없었지요.

나폴레옹의 죽음(1821년)

1815년, 워털루 전쟁에서 크게 패한 나폴레옹은 대서양의 외딴 섬 세인트 헬레나 섬으로 유배되었다가 1821년 그곳에서 죽음을 맞이했어요.

나폴레옹 전쟁의 결과

나폴레옹 전쟁을 통해 프랑스 혁명의 이념인 자유와 평등이 유럽 여러 나라로 전파되었어요. 나폴레옹의 지배를 받던 나라들은 민족 의식이 높아졌고, 독립과 통일을 요구하는 민족주의 운동으로 발전했어요.

나폴레옹의 영국 상륙 작전을 막은
트라팔가르 해전의 영웅 넬슨 제독

전쟁 속 영웅이야기

15 아편이 무엇이냐!
청나라와 영국의
아편 전쟁
(1840~1860년)

1840년, 48척의 함선을 거느린 영국 함대가 남중국해에서 황해를 거슬러 올라가 톈진 항구에 이르렀어요. 톈진은 중국 수도인 베이징의 관문이자 중국 북쪽 지방 최대의 항구 도시였지요.

당시 중국은 북방 민족인 여진족이 세운 청나라가 다스리고 있었는데, 정치·사회적으로 무척 어수선했어요. 성능 좋은 대포를 앞세운 영국 함대가 톈진 앞바다에 등장해 청나라를 위협했고, 결국 청나라와 영국 사이에 전쟁이 벌어졌어요. 영국과 청나라가 전쟁을 벌이게 된 것은 바로 마약인 아편 때문이었어요.

영국 군함의 포격으로 쑥대밭이 된 중국 연안 해전

1841년, 대규모 최신식 함선들로 이루어진 영국 함대가 청나라 최고의 무역항인 광저우 연안에 등장했어요.

"아니 무슨 배가 저렇게 커? 그런데 철로 만든 것 같은데?"

최신식 영국 함대의 모습을 본 청나라 군사는 그들의 위용에 놀라 새파랗게 겁에 질렸어요.

그 순간 펑! 하는 소리가 들리더니 청나라 범선 한 척이 기우뚱거렸어요. 영국 함선에서 쏜 대포가 청나라 함대에 날아든 것이었어요. 대포의 성능이 상상하지 못할 정도로 위력적이어서 청나라 군사는 더욱 공포에 떨 수밖에 없었어요. 이윽고 영국 함대에서 일제히 함포 사격을 시작하자 청나라 범선들은 순식간에 불에 타거나 격파됐어요.

이렇게 광저우 해안을 쑥대밭으로 만든 영국 함대와 해군은 샤먼, 닝보, 상하이 등 중국의 남동 해안 지역을 대대적으로 공격했어요. 중국 연안을 장악한 영국은 승리를 눈앞에 두게 되었어요.

 ### 18세기 후반의 영국과 청나라

산업 혁명을 일으켜 유럽에서 가장 먼저 산업을 발달시킨 영국은 이미 인도는 물론 페르시아, 아프가니스탄, 미얀마, 인도네시아 등을 정복하여 식민지로 삼고, 공업 원료를 수입해 가거나 본국에서 만든 상품을 팔았어요.

반면 청나라는 스스로를 세계의 중심이며 최고의 문명국이라고 자부하여 다른 나라와 무역과 외교 관계를 맺지 않는 쇄국 정책을 펼쳤어요. 그러면서 광저우 한 곳만 외국에 개방해 무역을 하도록 했지요.

2 영국의 심각한 무역 적자

영국은 동인도 회사를 통해 청나라와 무역을 했는데 모직물과 인도에서 난 면화를 수출했고, 차와 비단, 도자기 등을 수입했어요. 수입한 물건 값으로는 은을 지불했어요. 그런데 영국에서 차를 마시는 사람들이 늘어나 중국에서 막대한 양의 차를 수입했지만, 중국에서는 영국에서 만든 모직물을 많이 사지 않았어요. 영국은 심각한 무역 적자를 겪었어요.

 ### 아편을 몰래 청나라에 판 영국

영국은 청나라에 특사를 파견해 광저우뿐만 아니라 여러 지역에서 무역을 하자고 요청했어요. 하지만 청나라는 거절했지요. 그러자 영국의 동인도 회사는 무역 적자를 해결하기 위해 인도에서 나는 아편을 몰래 청나라에 팔기 시작했어요. 영국의 상품은 인도로, 인도의 아편은 청나라로, 청나라의 차와 비단은 영국으로 가는 삼각 무역을 벌인 것이지요.

* 아편이란 무엇일까?

아편은 양귀비라는 식물의 덜 익은 열매에서 나오는 액을 모아, 그것을 말려서 만든 일종의 마취제예요. 사람의 신경을 마비시켜 의약품으로 사용하기도 하지만 환각제로도 사용할 수 있지요. 환각제는 정신분열증 등을 일으키는 물질을 말해요.

아편 금지령 (1729년)

아편이 청나라에 들어오자 아편을 피우는 사람들이 크게 늘어나 나중에는 영국이 중국에서 차를 수입하는 양보다 청나라가 아편을 수입하는 양이 더 많아졌어요. 그뿐 아니라 아편 때문에 갖가지 사회 문제가 생겨나자 청나라는 1729년 아편 금지령을 내렸어요.

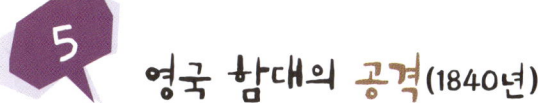
영국 함대의 공격 (1840년)

청나라 정부는 임칙서를 단장으로 하는 마약 단속반을 광저우에 파견했어요. 임칙서는 영국 상인들에게서 압수한 2만여 상자의 아편을 압수하여 불태웠고 영국 상선을 마카오로 쫓아 버렸어요. 그러자 영국 정부는 1840년 2월 원정군을 파견했고, 결국 아편 전쟁을 일으켰어요.

난징 조약 (1842년)

영국 함대가 중국 연안을 쑥대밭으로 만들고 양쯔 강까지 진출해 상하이, 전장을 함락하고 청나라 경제의 심장부인 난징에 이르자 청나라는 궁지에 몰렸어요. 1842년 8월 29일, 영국의 요구 조건을 그대로 받아들여 조약을 맺고 말았어요. 이렇게 제1차 아편 전쟁으로 맺은 영국과 청나라와의 불평등 조약을 '난징 조약'이라고 해요.

제2차 아편 전쟁 (1856~1860년)

1856년 10월 8일, 청나라 관리가 애로 호라는 배에서 청나라 범죄자들을 체포했어요. 이 배는 청나라 사람의 배였지만 선장은 영국인이었어요. 영국은 영국기를 함부로 다루었다는 이유로 다시 전쟁을 일으켰어요. 이 전쟁을 2차 아편 전쟁이라고 해요. 더구나 영국은 프랑스까지 전쟁에 끌어들여 함께 청나라를 공격했지요. 결국 청나라는 〈난징 조약〉보다 더욱 불리한 〈톈진 조약〉을 맺었어요.

아편 전쟁의 결과

청나라는 중화 사상에서 벗어나 점차 의식 개혁이 일어났고 근대화의 움직임이 싹트기 시작했어요. 영국은 엄청난 배상금과 홍콩을 받았고, 상해와 광주를 포함한 5개 항구를 열었으며, 중국의 수출입관세를 영국과 상의하도록 했지요.

16 러시아의 남하를 막아라! 크림 전쟁
(1853~1856년)

　1853년 유럽과 아시아의 경계가 되는 흑해를 둘러싸고 크림 전쟁이 일어났어요. 크림 반도에서 일어난 전쟁이라서 크림 전쟁이라고 불러요.

　흑해는 터키·불가리아·루마니아·우크라이나·러시아·그루지야 같은 여러 나라가 둘러싸고 있으며 북쪽으로 반도가 돌출되어 있는데 그 반도가 바로 크림 반도예요. 옛날부터 동서양의 문화와 종교가 만나는 곳이었고, 무역과 교통의 중심지였지요.

　이곳에서 전쟁을 벌인 나라는 러시아, 오스만 투르크, 영국, 프랑스였어요. 간호사 나이팅게일이 전쟁터로 달려가 헌신적인 간호를 펼쳤던 전쟁으로도 유명하지요.

349일 동안이나 계속된 세바스토폴 전투

"세바스토폴만 점령하면 크림 반도 점령은 시간 문제다! 크림 반도를 우리가 점령한다면 러시아는 흑해를 통해 남쪽으로 진출하지 못할 것이다."

1854년 9월, 영국·프랑스·오스만 투르크 연합군은 러시아가 지배하는 크림 반도에 약 6만 명의 군사를 상륙시켰어요. 러시아 해군이 주둔하고 있는 도시 세바스토폴을 공격하기 위해서였지요.

한 달쯤 지나 연합군은 세바스토폴을 포위하고 대대적인 공격을 시작했어요.
 연합군이 포격을 가하면 포격이 끝나기가 무섭게 러시아 군은 무너져 내린 포대와 요새를 수리하고 다시 연합군의 공격을 막아 냈어요. 그렇게 공방전은 11개월이나 계속되었지요. 그 동안에 전쟁터에는 콜레라 등 전염병이 돌아 수많은 병사들이 목숨을 잃었고, 영국 정부에서는 세바스토폴 함락을 포기하자는 의견까지 나왔어요.
 위기에 처한 연합군은 모든 전력을 다해 세바스토폴 남동부 끝 가장 높은 곳에 위치한 말라호프 진지를 집중 공격하기로 했어요.
 1855년 9월 8일, 연합군은 말라호프 고지를 점령하는 데 성공했어요. 결국 세바스토폴 포위 11개월 만인 1855년 9월 11일, 러시아 군은 후퇴했고 크림 전쟁에서 백기를 들고 말았어요.

1. 러시아의 남하 정책

15세기에서 17세기, 영국과 프랑스는 군주가 절대 권력을 갖고 식민지를 개척하여 영토를 넓혔어요. 그러나 러시아는 표트르 대제 때부터 왕권을 강화하고 영토를 크게 넓혔지만, 영국이나 프랑스처럼 세계 곳곳을 누비며 무역을 할 수 없었어요. 너무 북쪽에 있어서 겨울이면 항구가 얼어 배들이 바다로 나갈 수 없었기 때문이었지요. 그래서 러시아는 겨울에도 얼지 않는 항구를 얻기 위해 남하 정책을 펼쳤어요.

2. 예루살렘 성지 관리권을 요구한 프랑스 (1825년)

1825년 러시아의 새 황제가 된 니콜라이 1세는 흑해를 통해 세계로 진출하고 싶었어요. 그러기 위해서는 흑해를 장악하고 있던 오스만 투르크를 제압해야 했지요. 러시아는 전쟁을 일으킬 만한 구실을 찾았어요. 바로 그때 프랑스의 나폴레옹 3세가 국민들의 환심을 사려고 오스만 투르크 영토 안에 있는 기독교 성지인 예루살렘의 관리권을 요구하자, 오스만 투르크는 프랑스에게 이를 승인해 줬어요.

3. 오스만 투르크를 공격한 러시아 (1853년)

니콜라이 1세는 프랑스에게 예루살렘 관리권을 준 것처럼 그리스 정교회(러시아 정교회)의 중심인 러시아에게도 오스만 투르크 안에 있는 그리스 정교도들을 보호할 권리를 달라고 요구했어요. 오스만 투르크가 이를 거절하자 1853년 7월 오스만 투르크의 경계에 있는 몰다비아와 왈라키아를 점령했지요. 그러자 오스만 투르크는 10월에 러시아에게 선전포고를 하고 러시아를 공격했어요.

4. 영국과 프랑스의 참전 (1854년)

1853년 11월 투르크 함대가 소아시아의 시노프 만에서 러시아 흑해 함대에게 전멸당했어요. 그러자 1854년 6월 러시아의 남하를 저지하기 위해 영국과 프랑스는 오스만 투르크 지원을 선언하고, 이스탄불로 원정군을 파견했어요.

5 크림 반도로 옮겨진 전쟁터 (1854년)

연합군과의 충돌을 두려워 한 러시아는 군대를 일단 점령지에서 철수시켰어요. 하지만 영국과 프랑스는 이 기회에 남하 정책을 펼치는 러시아를 막기 위해 1854년 9월, 영국·프랑스·오스만 투르크 연합군을 구성하여 러시아 전함 기지가 있는 크림 반도로 6만 명의 군사를 보냈어요.

6 크림 반도에서의 긴 싸움 (1854~1855년)

러시아 함대의 사령관은 영국·프랑스 연합 함대와 맞서는 것이 어렵다고 판단했어요. 그래서 모든 전함을 세바스토폴 항구에서 스스로 침몰시키고 연합 함대의 진입로를 봉쇄한 뒤 함포와 포탄, 병사들을 육지로 이동시켜 세바스토폴을 방어하는 데 온 힘을 기울였어요. 그 뒤 349일에 걸쳐 치열하고도 긴 싸움이 벌어졌어요.

크림 전쟁 중 이루어진 변화들

연합군이 범선(돛을 이용해 바람의 힘으로 움직이는 배)이 아닌 기선(증기 기관을 이용해 움직이는 배)을 사용했어요. 연합군이 최초로 전쟁에서 전신(전류나 전파를 이용한 통신)을 사용해 통신과 정보 면에서 유리한 입장을 이끌었지요.

또한 종군 기자가 카메라로 찍은 전쟁 사진이 세계 각국에 보도되어 전쟁의 참상을 알렸고, 이 때문에 나이팅게일이 간호사들을 데리고 전쟁터로 달려갔답니다.

크림 전쟁의 결과

연합군이 세바스토폴을 점령하면서 크림 전쟁은 막을 내렸어요. 1856년 3월, 프랑스 파리에서 〈파리 조약〉이 체결되었고, 조약에 따라 러시아는 흑해에 함대를 배치할 수 없게 되었어요. 흑해는 중립 지역으로 선포되어 무역을 하는 배들만 항해할 수 있게 되었지요.

전쟁에 패한 러시아는 근대화를 추진하는 운동이 일어났어요.

전쟁 속 영웅 이야기

크림 전쟁 부상병들을 돌본
등불을 든 천사 나이팅게일

아니, 어떻게 이런 일이! 전투가 아닌 콜레라 때문에 죽은 병사들이 더 많다니…. 부상당한 병사들은 돌보는 사람도 없고.

1854년, 영국 런던에서 신문 기사를 심각하게 읽던 한 여성이 있었어요. 그녀의 이름은 플로렌스 나이팅게일로 런던의 병원에서 간호 부장으로 일하고 있었지요.

크림 전쟁의 참상에 대한 보도를 접한 나이팅게일은 부상당한 병사들을 돌봐줘야겠다고 결심했어요.

그녀는 정부에 자원서를 제출했고, 1854년 10월 영국 정부로부터 오스만 투르크 주둔 영국 육군 병원 간호사 감독관에 임명되었어요.

38명의 간호사를 이끌고 오스만 투르크로 간 그녀는 의료 보급 관리 업무와 병원 환경을 개선하는 일 그리고 부상자들을 돌보았어요.

오늘 밤에도 간호사님이 등불을 들고 우리들을 보살펴 주실 거야! 마치 등불을 든 천사처럼 말이야.

밤이면 등불 하나를 들고 병실을 돌아다니는 나이팅게일을 보고 병사들은 '등불을 든 천사'라고 불렀어요.

한편 나이팅게일은 1855년 직접 간호사들을 이끌고 전쟁터인 크림 반도의 발라클라바로 가서 간호 활동을 펼치다가 병을 얻기도 했어요.

전쟁이 끝나자 나이팅게일은 빅토리아 여왕에게 병원 개혁안을 건의했으며, 간호사 양성소를 만들어 체계적으로 간호사를 키웠어요.

의료 구호 제도에 관해 영국 군을 비롯해 외국 정부에게 자문을 해 주기도 했으며, 그가 쓴 병원과 간호에 관한 책이 세계 여러 나라에서 출판되어 간호사 양성의 기초가 되었지요.

스위스의 앙리 뒤낭은 크림 전쟁의 참상과 나이팅게일의 활동에 감동을 받고 훗날 적십자라는 기구를 만들었어요.

17 노예 제도를 폐지하라!
미국 남북 전쟁
(1861~1865년)

1781년, 요크타운 전투에서 승리를 거두며 독립 전쟁에서 영국을 이긴 미국은 1783년 〈파리 평화조약〉으로 독립국으로 인정받았어요. 그리고 1786년 연방 헌법 제정을 통해 연방 정부를 구성했어요.

하지만 노예 제도를 배경으로 정치·경제·사회적인 면에서 남과 북이 대립하게 되었고, 독립 전쟁이 끝난 지 약 80년 만에 남부와 북부 연방이 서로 총부리를 겨누게 되었어요. 이 전쟁을 남북 전쟁이라고 해요.

남북 전쟁의 승자를 결정한 게티즈버그 전투

1863년 7월 1일, 남부 연합군 소속의 히스 사단장은 부대를 이끌고 펜실베이니아 중부의 게티즈버그로 향했어요.
"게티즈버그로 가서 병사들의 신발을 구해야겠다. 거기에는 기껏해야 북군의 민병대

정도가 배치돼 있을 거야."

남부 연합군은 오랜 행군과 전투 때문에 보급품이 제대로 지급되지 않아 병사들 중 상당수가 맨발로 전투를 치르고 있었어요.

하지만 게티즈버그의 고지대에는 이미 전날 북군의 기병 대장 뷰포드가 2개의 기병 부대를 배치해 둔 상태였어요.

'이 지역에서 남군과 전투가 벌어진다면 게티즈버그가 가장 중요한 지점이 될 거야. 게티즈버그의 높은 지대에 부대를 배치해 두고 북군의 본대를 기다려야겠다.'

이렇게 해서 게티즈버그 전투가 시작되었어요. 그 뒤 양쪽 군의 본대가 전투에 합류했고, 3일 동안 치열한 싸움을 벌였어요. 그렇지만 미리 유리한 고지를 차지하고 있던 북부군에게 남부군은 많은 피해를 입었어요. 결국 7월 4일 남부 연합군이 버지니아로 후퇴하면서 게티즈버그 전투는 막을 내렸지요.

이 전투로 북군은 용기를 얻고 불리한 전세를 역전시켜 남북 전쟁에서 승리를 거두었답니다.

서로 다른 입장의 남과 북

미국은 1786년 연방 헌법 제정을 통해 연방 정부를 구성했으나, 관세와 노예 제도 등의 입장 차이로 남부와 북부가 대립했어요. 남부는 주요 산업이 넓은 땅과 따뜻한 기후를 이용하여 면화, 사탕수수 등을 재배하는 농업이어서 면화 수출을 위해 외국과 무역을 할 때 내는 관세를 내리자고 주장했어요.

반면에 북부는 철, 석탄 등의 풍부한 지하 자원을 이용하여 방직, 제지, 금속 등의 공업을 발달시켰기 때문에 국내 산업 보호를 위해 관세를 높이자고 주장했어요.

대통령에 당선된 링컨 (1860년)

남부와 북부의 입장 차이는 산업뿐 아니라 노예 제도를 둘러싸고도 벌어졌어요. 북부는 노예 제도를 폐지해 흑인 노예의 해방을 주장했고, 면화를 재배해 온 남부는 노예 제도가 폐지되면 농사짓기가 어려워진다며 반대했어요.
그러던 중 노예 제도 폐지를 주장하는 링컨이 1860년에 대통령에 당선되었어요. 그러자 남부의 7개 주가 연방에서 탈퇴하고, 1861년 따로 미국 남부 연합을 조직했어요. 하지만 링컨은 남부 7개 주의 분리 독립을 인정하지 않았어요.

남부 연합군의 섬터 요새 공격 (1861년)

남부 대서양 연안에 위치해 있으면서 뉴욕과 함께 남부 관문의 역할을 하던 사우스캐롤라이나의 찰스턴 항구에 섬터 요새가 있었어요. 그런데 그곳에 주둔한 군사들이 남부 연합에 투항하지 않고 버티자 링컨은 그곳에 식량과 보급품을 보냈어요. 이를 남부 연합은 북부의 지원 행동으로 보고 1861년 4월 12일에 군대를 보내 섬터 요새를 공격했어요. 이것이 남북 전쟁의 계기가 되었어요.

4 남북 전쟁의 시작 (1861년)

남군이 섬터 요새를 공격하자 링컨이 남부 해상의 봉쇄 명령을 내리면서 지원병을 모집했고 본격적으로 남북 전쟁이 시작되었어요. 남부 해상이 봉쇄되자 남부 연합은 유럽으로 면화를 수출하기 어렵게 되었고 탄약과 보급품 조달에 어려움을 겪었어요. 하지만 남부 연합군은 조직적으로 작전을 전개하여 북부 연합군에게 큰 타격을 주며 전세를 유리하게 이끌었지요.

5 궁지에 몰리게 된 남부 연합군 (1863년)

1862년 링컨은 남부에 거주하는 노예들을 해방시켰어요. 그러자 세계 여론이 북군에게 유리해졌고, 남군은 빨리 전쟁을 끝내기 위해 대규모 공격을 벌였어요. 그렇지만 1863년, 게티즈버그 전투로 전세가 역전되었고, 북군이 미시시피 강 협곡을 점령한 뒤 남부의 중요한 지역들을 차례로 점령하면서 남군은 궁지에 몰렸어요.

6 남부 연합군의 항복 (1865년)

더 이상 북부 연합군을 대항해 싸우기가 어렵다는 결론을 내린 남부 연합군은 항복을 결심하고 북부 연합군에게 편지를 보내 회견을 갖자고 했어요. 그리하여 1865년 4월 9일, 버지니아에서 양쪽 군대 총사령관 간의 만남이 이루어졌고, 결국 4월 12일 남부 연합군의 항복이 정식으로 인정되어 전쟁은 끝이 났어요.

남북 전쟁의 결과

남북 전쟁이 북부의 승리로 끝나자 흑인 노예들은 해방되었어요. 미국은 다시 하나의 국가를 이루어 세계 최고의 강대국이 되는 발판을 마련했지요. 그러나 남부는 노예제를 폐지한 북부의 공화당에게 적개심을 가지게 되었고, 한동안 미국 사회는 지역 갈등과 인종 갈등이 이어졌답니다.

전쟁 속 영웅 이야기
게티즈버그 전투에서 전사한 장병들을 위로하며 명연설을 한 미국의 링컨 대통령

18 세계가 전쟁의 소용돌이 속으로! 제1차 세계 대전
(1914~1918년)

1900년대에 들어서면서 세계 곳곳은 식민지 쟁탈전으로 더욱 뜨거워졌어요. 군사적으로나 경제적으로 강한 힘을 갖게 된 국가들은 국내에서 만든 상품의 규모가 늘어나 더 이상 국내에서 팔 곳이 없었어요. 새로운 시장을 개척해야만 했지요.

그들은 제국주의를 내세우며 아시아와 아프리카 등에 식민지를 만들었어요. 그리고 식민지 쟁탈전을 벌이며 여러 국가들이 서로 충돌했어요.

결국 세계가 제1차 세계 대전이라는 전쟁의 소용돌이에 휘말리게 되었지요.

서부 전선 이상 없다?
베르됭 전투와 솜 전투

1916년 2월 21일, 독일 군이 프랑스 북부 파리 동쪽에 있는 베르됭 요새를 집중 공격했어요. 프랑스를 공격하여, 막혀 있는 서부 전선을 뚫기 위해서였지요.

독일 군은 새벽부터 12시간이 넘게 포탄을 퍼부은 뒤 대규모 보병을 투입하여 베르됭을 공격했지만, 프랑스 군 역시 베르됭을 지키기 위해 중요한 공격 지점에 참호를 파는 등 모든 전력을 다해 독일 군의 공격을 막아 냈지요.

베르됭에서 독일과 프랑스의 치열한 접전이 6월까지 계속되던 중, 영국 군이 대규모 병력을 동원하여 독일 군이 주둔해 있던 베르됭 북쪽의 솜 강을 공격했어요. 1916년 7월 1일, 영국 군은 보병을 앞세워 대규모 돌격전을 벌였지만 독일 군의 기관총 사격을 받아 큰 피해를 입었어요. 뒤이어 세계 최초로 18대의 탱크를 투입했지만 폭우 때문에 땅이 진흙으로 변해 독일 군 전선을 돌파하는 데는 실패했어요.
　베르됭 전투와 솜 전투에서 독일과 프랑스·영국 연합군은 끝내 전쟁의 승부를 가리지 못하고 수많은 희생자만 내고 말았어요.
　결국 서쪽과 남쪽을 공격해 몇 주 만에 파리를 점령하고 프랑스를 굴복시킨 뒤 전력을 다시 동쪽으로 이동시켜 러시아를 공격하려는 독일의 계획은 실패로 돌아갔고, 전세는 점점 독일 군에게 불리해졌어요.

삼국 협상과 삼국 동맹

1870년부터 1871년 사이에 프로이센은 프랑스와 전쟁을 벌여 알자스와 로렌 지방을 빼앗았어요. 그러고는 독일이라는 통일 국가를 이루어 유럽의 새로운 강대국으로 떠올랐지요. 1882년 독일은 오스트리아·이탈리아와 비밀 동맹인 〈삼국 동맹〉을 맺고 프랑스 등 다른 나라들로부터 공격을 받을 경우 서로 군사를 보내 도와주기로 약속했어요. 독일의 제국주의 정책에 불안을 느낀 영국·프랑스·러시아도 독일에 대항하고자 〈삼국 협상〉을 맺었지요.

1 발칸 반도에서 일어난 사라예보 사건(1914년)

〈삼국 동맹〉과 〈삼국 협상〉이 대립하는 가운데, 동유럽의 발칸 반도에서 한 사건이 일어났어요. 오스트리아의 지배를 받고 있던 보스니아의 사라예보에서 오스트리아 황태자 부부가 세르비아 청년에게 암살을 당한 거예요. 이 사건으로 오스트리아는 세르비아에 선전포고를 하고 독일의 지원을 받아 전쟁을 일으켰어요. 이에 세르비아를 지원하던 러시아가 전쟁에 나섰고, 전쟁이 확대되어 〈삼국 동맹〉과 〈삼국 협상〉이 충돌하는 제1차 세계 대전이 일어났어요.

2 연합군 대 동맹군

동맹군은 독일·오스트리아·헝가리·오스만 투르크 등이었어요. 연합군은 프랑스·영국·일본·러시아 등이었지요. 일본은 영국과의 동맹을 구실로 연합군 편에 섰는데, 이는 중국과 태평양에 있는 독일 식민지를 빼앗으려는 속셈 때문이었어요.

3 방어 위주의 지루한 전투

1914년 8월 4일, 독일은 프랑스 북쪽의 중립국 벨기에를 지나 프랑스를 공격했어요. 그러나 9월 6일, 파리 북동쪽 마른 강에서 프랑스·영국 연합군의 반격을 당해 전투에서 패하여 후퇴했어요. 그 뒤, 양측 군대는 전선을 따라 참호(몸을 숨길 수 있는 구덩이)를 파고 상대방의 공격을 방어하는 지루한 전투를 벌였어요.

러시아 혁명 발생 (1917년)

제1차 세계 대전 때 독일·오스트리아·헝가리 동맹군과 러시아 군이 대치했던 동부 전선은 처음에는 러시아에게 유리하게 전개되었어요. 그러나 독일 군이 힌덴부르크 원수의 지휘 아래 8월 말 타넨베르크에서 러시아 군에게 크게 이겨 전세를 만회했어요. 그 뒤 서로 결정적인 승리를 거두지 못하고 전쟁을 계속했어요. 그러던 중 1917년 러시아에서 2차례의 혁명이 일어나 사회주의 정권인 소비에트 정부가 들어섰어요. 새로 들어선 소비에트 정부는 1918년 3월에 독일과 단독으로 휴전 조약을 맺었어요.

독일의 잠수함 공격과 미국 참전 (1918년)

전쟁이 일어난 뒤 영국 해군이 독일 해안선을 봉쇄하여 해외로부터의 물자 수입을 막자 독일은 경제적으로 큰 고통을 받았어요. 그러자 독일은 잠수함으로 유럽의 여러 나라와 미국 선박을 무차별 공격했고, 이에 화가 난 미국이 전쟁에 참가하기로 결정했어요. 중립을 지켜 오던 미국이 전쟁에 나서면서 연합군이 유리해졌어요.

신무기 발표장이 된 제1차 세계 대전

세계 30개 국 이상이 참가한 제1차 세계 대전은 신무기의 발표장이기도 했어요. 탱크와 잠수함이 전투에서 활약했고, 정찰용이었지만 비행기가 처음으로 전투에 선보였어요. 독가스 같은 화약 무기도 등장했지요.
물론 새로운 무기의 등장은 수많은 사람들의 목숨을 빼앗아갔고, 시설물과 자연을 파괴했어요.

제1차 세계 대전의 결과

1918년 9월 동맹국이던 불가리아·오스만 투르크·오스트리아가 연합국에 항복하자, 1918년 11월 독일도 항복했어요. 이로써 4년간 계속된 제1차 세계 대전은 약 1000만 명의 인명을 희생시키고 연합국의 승리로 끝났어요. 이듬해 연합국과 패전국 독일이 프랑스 베르사유 궁전에서 조약을 맺었는데, 독일은 프랑스에게 알자스·로렌 지역을 다시 돌려주어야 했고, 엄청난 배상금도 연합국에게 물어야 했어요. 오스만 투르크는 터키 공화국이 되었으며, 세르비아·보스니아·헤르체코비나가 합쳐져 유고슬라비아라는 국가를 만들었어요.

《서부 전선 이상 없다》로 전쟁의 비참함을 알린 소설가 레마르크

제1차 세계 대전이 계획과는 달리 길어지자, 독일 정부는 국민들에게 조국의 사태가 위급하니 국민 모두가 전쟁에 참여하라고 소리 높였어요.

그러던 어느 날, 고등학생인 파울 보우머는 특별 지원병으로 전쟁터로 나갔어요. 그러나 선전과는 달리 전쟁터는 비참했어요.

그와 그의 전우들은 스무 살도 되지 않은 나이에 전쟁터에 끌려와 죽음을 맛보아야 했어요.

최후까지 살아남았던 보우머도 1918년 어느 날 결국 전사하고 말았어요. 하지만 그들의 희생은 전쟁에 큰 변화를 주지 않았고, '서부 전선 이상 없다.'라고 기록된 보고서만 사령부에 올라갈 뿐이었지요.

이는 독일의 소설가 레마르크가 1929년에 제1차 세계 대전을 배경으로 쓴 《서부 전선 이상 없다》라는 소설의 내용이에요.

레마르크는 1916년 사범학교 재학 중 제1차 세계 대전에 독일 군으로 참전했어요.

부상을 입고 전쟁터에서 돌아온 뒤에는 초등학교 교사와 점원 등을 거치며 9년 동안 이름 없는 잡지사 기자로 생활했어요.

그러던 중 19세의 한 병사와 그 전우들의 죽음과 전쟁의 참혹함 모습을 그린 《서부 전선 이상 없다》라는 작품을 발표해 유명해졌어요.

하지만 전쟁을 반대하는 작가로 지목되어 나치스가 정권을 잡자 신변에 위협을 느껴 스위스로 탈출했어요.

나치스는 레마르크의 국적을 박탈했고, 그의 여동생은 강제수용소에서 죽었어요. 결국 그는 1939년 미국으로 망명했어요. 그 후 1946년에 《개선문》을 발표했어요.

그의 첫 작품인 《서부 전선 이상 없다》는 수많은 사람들에게 전쟁의 비참함을 일깨워 주었답니다.

19 경제 위기가 전쟁으로 번지다니! 제2차 세계 대전
(1939~1945년)

유럽을 중심으로 세계 수많은 나라들을 전쟁의 소용돌이에 몰아넣었던 제1차 세계 대전. 하지만 전쟁이 끝나고 얼마 지나지 않아 세계는 다시 한 번 전쟁의 기운이 맴돌았어요. 그 기운은 바로 전쟁을 치른 여러 나라가 경제적인 어려움을 겪으면서 생겨났지요.

경제적인 어려움을 이겨내기 위해 많은 노력을 기울였지만, 좀처럼 실마리가 보이지 않는 나라들이 있었어요. 바로 제1차 세계 대전의 패전국 독일과 비록 승전국 틈에 끼기는 했지만 경제적으로 힘들었던 이탈리아(전쟁 중 1915년 협상국 측에 가담)와 일본이었어요.

이들이 국가의 위기를 해결하기 위해 선택한 방법은 바로 '전쟁'이었어요. 세계는 다시 전쟁에 휩싸였고, 결국 1939년에 제2차 세계 대전이 일어났어요.

미국의 자존심을 무너뜨린 일본의 진주만 공격

 1941년 12월 7일 아침 6시쯤, 태평양 하와이 제도 오아후 섬 진주만에 갑자기 수백 대의 전투기와 폭격기들이 날아들었어요. 진주만은 미국 태평양 함대의 해군 기지가 주둔해 있던 곳으로 전함은 물론 수백 대의 비행기가 머무르고 있었지요.
 "아니 저렇게 많은 비행기들이 갑자기 어디서 나타난 거지?"
 진주만에 주둔해 있던 미군 병사들은 깜짝 놀랐어요. 그날은 마침 일요일이어서 부대에 배치되어 있던 병사들은 몇 명 안 되었고, 대부분 한가로운 휴일을 즐기고 있었지요.

진주만으로 날아온 전투기와 폭격기들이 폭탄을 퍼붓기 시작했어요. 진주만은 순식간에 아수라장이 되었어요. 정박 중이던 전함들은 폭탄을 맞아 침몰되거나 불에 탔고, 비행장에 정렬해 있던 180대가 넘는 비행기들도 파괴되었고 수천 명의 미군 병사들이 포격과 총탄에 죽음을 맞았지요.
　진주만을 아수라장으로 만든 것은 야마모토 이소로쿠 제독이 지휘하던 일본 연합 함대 소속의 항공기들이었어요. 일본이 미국에게 선전 포고도 없이 진주만 미군 기지를 공격한 것이었어요.
　일본 군의 진주만 공격에 큰 타격을 받고 자존심이 구겨진 미국은 영국·네덜란드와 함께 일본에 선전 포고를 했어요. 결국 미국·영국·네덜란드 연합군과 일본 사이에 태평양 전쟁이 일어났어요.

연합군 반격의 발판을 마련한 노르망디 상륙 작전

"유럽에 상륙 작전을 펼쳐 독일 군을 격파하고 독일 본토로 진격합시다."
"좋습니다. 작전을 실행할 지점은?"
"프랑스 북부 지역이 좋겠습니다."

1943년 11월, 이란의 수도 테헤란에서 연합국 지도자들이 회담을 열었어요. 참석자는 미국의 루즈벨트 대통령, 영국의 처칠 수상, 소련의 스탈린 서기장이었지요. 회담의 주요 내용은 제2차 세계 대전을 일으켜 영국을 제외한 서부 유럽 전체와 발칸 반도는 물론 동부 유럽의 일부까지 점령한 독일을 공격하여 유럽을 다시 찾자는 것이었지요. 이때의 회담을 바탕으로 1944년 5월 연합군은 북프랑스 상륙 작전을 감행하기로 결정하고, 작전을 이끌 총사령관으로 미국의 아이젠하워를 임명했어요.

　그리고 6월 6일, 아이젠하워 대장의 총지휘로 미군, 영국 군, 캐나다 군으로 구성된 7개 사단 15만 명의 연합군이 프랑스 북부 노르망디 5개 해안에 상륙했어요. 이미 그 전부터 항공기를 동원해 북프랑스 지역에 수차례 대규모 폭탄을 떨어뜨렸고, 상륙 전날에는 2천 대가 넘는 수송기에 공수 부대원들을 노르망디 해안 후방 지역에 낙하시킨 뒤였어요.

　연합군은 독일 군의 결사적인 저항에 수만 명에 이르는 사상자를 냈지만 결국 상륙 작전에 성공했고, 독일 본토로 진격하기 위한 발판을 마련했어요.

 ## 세계 경제 대공황

1929년, 미국에 경제 불황이 불어 닥쳤어요. 미국은 제1차 세계 대전 중에 유럽을 비롯한 세계에 무기와 상품을 팔아 경제적으로 큰 재미로 보았지만, 전쟁이 끝나자 상품이 남아돌게 되면서 수많은 공장과 회사가 문을 닫고 실업자가 생겨났어요. 미국의 경제 불황은 곧 세계 경제에까지 영향을 미쳐 전세계가 경제적인 큰 혼란을 겪는 대공황으로 이어졌어요.

 ## 군사 조약을 맺고 동맹국이 된 독일·일본·이탈리아 (1936년)

경제 불황은 곧 사회적인 혼란을 일으켰어요. 이때를 틈타 독일·이탈리아·일본에서는 '국가가 있으므로 개인이 존재한다.'는 국가의 이익을 우선으로 하는 전체주의가 널리 퍼졌어요. 그리고 이들은 전쟁을 통해 국내 경제의 어려움을 해결하고자 했어요. 이 세 나라는 1936년과 1937년에 군사 조약을 맺고 전쟁 준비를 서둘렀지요.

 ## 독일의 폴란드 침공 (1939년)

1939년 8월 23일, 독일의 히틀러는 소련의 스탈린과 서로 침략하지 않는다는 상호 불가침 조약을 맺었어요. 서부 전선의 프랑스와 영국, 동부 전선의 소련을 동시에 상대하기가 어려웠기 때문이지요. 그러고는 일주일 뒤인 1939년 9월 1일, 독일은 폴란드를 침공했고, 이틀 뒤 영국과 프랑스가 독일에 선전 포고를 하며 제2차 세계 대전의 막이 올랐어요.

 ## 덴마크·노르웨이 침공 (1940년)

독일은 폴란드를 침공한 지 7개월 뒤인 1940년 4월 북쪽으로 군대를 진군시켜 덴마크와 노르웨이를 점령했어요. 5월에는 다시 서부로 진출하여 네덜란드, 벨기에를 점령했고, 6월 14일에는 프랑스 파리까지 함락시켰어요. 9월에는 독일·일본·이탈리아가 〈삼국 동맹〉을 맺었어요. 1941년에는 발칸 반도를 점령했으며, 〈독·소 불가침 조약〉을 깨고 소련을 침공했어요. 하지만 독일 군은 소련 군의 끈질긴 저항과 추운 날씨 탓에 소련 군의 반격을 받았어요.

5. 태평양 전쟁을 일으킨 일본(1942년)

한편, 일본은 1937년 중국을 공격해 전쟁을 일으켰지만 쉽게 중국을 꺾지 못하고 전쟁이 길어지자 대신 프랑스와 네덜란드의 식민지였던 인도차이나 반도를 침략했어요. 이에 미국이 일본에 수출을 제한하고 영국과 함께 중국 편에 섰어요. 그러자 일본 군은 진주만을 공격하여 태평양 전쟁을 일으켰어요. 결국 미국은 제2차 세계 대전에 적극적으로 나섰지요.

6. 이탈리아와 독일의 항복

미국은 미드웨이 해전에서 일본 군에게 큰 타격을 주었고, 소련은 스탈린그라드에서 독일 군을 격파했어요. 1943년 7월, 연합군이 이탈리아에 상륙하자 무솔리니 정권은 무너졌고, 9월에 이탈리아는 연합군에게 무조건 항복했지요.
1944년 6월, 연합군의 노르망디 상륙 작전 이후 두 달 만에 파리가 독일 군에게서 해방되었어요. 그리고 1945년 4월, 연합군이 독일의 심장부인 베를린으로 향하자 독일 역시 5월 7일에 연합군에게 항복했어요.

7. 일본의 항복

일본은 연합국의 항복 권고를 거부하다가 미군이 히로시마와 나가사키에 원자 폭탄을 투하하고, 소련이 만주로 진격하자 결국 항복을 선언했어요. 이로써 6년에 걸친 제2차 세계 대전의 막이 내리게 되었어요.

제2차 세계 대전의 결과

전쟁을 일으켜 패전국이 된 독일은 동독과 서독으로 나누어져 오랫동안 자본주의와 사회주의로 이념을 달리하는 분단 국가로 지내야 했어요. 일본은 식민지를 잃고 미국의 통치를 받아야 했고요. 아시아·아프리카 민족들이 식민지의 지배로부터 독립했고, 국제적인 전쟁과 분쟁을 막고 평화를 유지하기 위해 〈국제 연합〉이 만들어졌어요.

전쟁 속 영웅이야기

노르망디 상륙 작전을 성공시켜 독일 진격의 발판을 마련한
유럽 연합군 총사령관 아이젠하워

1911년, 미국 웨스트포인트 사관학교 운동장에서 사관생도들이 신나게 미식축구를 하고 있었어요.

그들 중 아이젠하워라는 한 청년이 있었어요. 공부에는 별다른 흥미를 보이지 않았지만, 쾌활한 성격으로 동료들과도 무척 잘 어울렸어요.

1915년, 사관학교를 졸업한 아이젠하워는 보병 소위로 임관했고, 제1차 세계 대전에 직접 참전하지는 않았지만 보병과 탱크 부대의 합동 작전에 대한 훈련 계획을 개발해 인정을 받았어요.

1933년에는 육군 참모 총장 더글러스 맥아더 장군의 참모가 되어 탁월한 능력을 발휘했어요.

당시 육군 참모 총장인 마샬에게도 신임을 받아 일본 군의 진주만 공격 직후 육군 작전 사단장에 임명되었어요.

1942년, 북아프리카에서 독일 군과 전투를 벌이던 영국 군을 지원해 북아프리카 침공 작전을 승리로 이끄는 데 큰 공을 세웠어요.

1944년 6월 6일 미국과 영국, 캐나다 연합군 총사령관으로 노르망디 상륙 작전을 실행했어요.

하지만 작전을 수행하기 전 영국 군과 미군의 관계가 그리 좋지 못했어요.

독일의 공격을 막아 온 게 누구지? 바로 우리 영국 군! 미군의 작전 수행 능력은 우리보다 한수 아래야!

뭐라고? 만약 미군이 이 전쟁에 참전하지 않았으면 유럽은 물론 영국도 독일 군의 밥이 되었을지도 모르는데! 흥!

아이젠하워는 이들의 화합을 이끌어냈고

서로 협력해서 상륙 작전을 펼칩시다!

결국 노르망디 상륙 작전은 성공했어요. 아이젠하워는 1952년 미국 대통령 선거에 당선되었지요.

20 여긴 우리 땅이야!
이스라엘과 아랍 국가의 대립
중동 전쟁 (1948~1973년)

1948년 5월 14일, 어떤 민족이 시리아와 이집트 중간에 위치한 팔레스타인에 새로운 국가를 세운다는 선언했어요. 그들은 2000년 동안이나 나라 없이 세계 곳곳을 흩어져 살아온 유대인들이었지요. 그들이 세운 나라의 이름은 이스라엘이었어요.

그러자 팔레스타인에 이스라엘이라는 국가가 세워지는 것을 인정할 수 없다며 이집트를 비롯한 팔레스타인 주변의 아랍 국가들이 전쟁을 일으켰어요.

이렇게 팔레스타인을 비롯해 중동 지역인 서남아시아에서 이스라엘과 아랍 국가들 사이에 벌어진 전쟁을 중동 전쟁이라고 해요.

이스라엘의 독립을 둘러싸고 팔레스타인에서 벌어진 **1차 중동 전쟁** (1948년)

1948년 5월 14일, 유대인들이 팔레스타인에 유대 민족 국가 이스라엘을 세운다고 선언했어요. 그러자 이틀 뒤인 5월 16일, 이집트·요르단·시리아·레바논·이라크 등 팔레스타인 주변의 아랍 국가들이 2만여 명의 연합군을 결성하여 이스라엘을 침공했어요.

처음에는 아랍 연합군이 유리했지만 이스라엘 국민들이 힘을 합쳐 대항했고, 미국과 유럽에 살던 유대인들이 현대 무기를 지원해 전력을 키웠어요. 반면에 아랍 연합군은 참전한 국가들의 이해 관계에 따라 분열되었고, 결국 이스라엘의 승리로 끝났어요.

100만 명에 이르는 팔레스타인 아랍 주민들이 조국을 잃어버렸고, 난민이 되어 주변의 아랍 국가로 나누어져 수용되었지요.

수에즈 운하를 둘러싸고 이집트와 이스라엘·영국·프랑스가 대립한 2차 중동 전쟁 (1956년)

1956년 7월, 이집트의 나세르 대통령은 "수에즈 운하를 이집트 소유로 한다."는 선언과 함께 이스라엘 선박들의 수에즈 운하 통과를 금지했어요. 수에즈 운하는 지중해와 홍해, 인도양을 잇는 운하로 매우 중요한 역할을 하는 곳이었지요. 수에즈 운하는 프랑스가 공사를 했고, 영국의 지배 아래 있었기 때문에 그동안 영국과 프랑스가 영향력을 행사하던 곳이었어요.

이스라엘을 비롯한 영국과 프랑스는 그해 10월 군대를 동원해 이집트를 침공하고 수에즈 운하를 점령했어요. 하지만 미국과 소련을 비롯한 국제 여론의 반대와 유엔 군의 파견으로 이집트에서 철수했어요.

이스라엘이 6일 만에 시나이 반도를 점령한 3차 중동 전쟁 (1967년)

1967년, 이집트가 시리아·요르단과 군사 동맹을 맺고 이스라엘의 해상 관문인 아카바 만으로 이어지는 티란 해협을 봉쇄한 뒤, 이스라엘에 대한 공격을 준비했어요. 그러자 1967년 6월 5일, 이스라엘이 먼저 아랍 국가들을 공격했지요. 이스라엘 공군은 이집트 공군 기지를 기습 공격하여 항공기 400여 대를 파괴했으며, 3일 뒤에는 요르단 영토였던 예루살렘의 구 시가지와 요르단 강 서쪽 강변을 점령했는데 6일 만에 유엔의 권고로 양측 사이의 전쟁이 중단되었어요. 하지만 이스라엘은 이 전쟁의 승리로 영토를 3배 가까이 늘렸어요.

아랍 연합군이 이스라엘을 기습 공격해 일어난 4차 중동 전쟁 (1973년)

1973년 10월 6일, 소련의 군사 원조를 받던 이집트가 시리아와 연합하여 이스라엘을 기습 공격했어요. 3차 중동 전쟁 때 이스라엘에게 빼앗긴 땅을 되찾기 위해서였지요. 이날은 '욤 키푸르'라는 이스라엘 명절로, 모든 유대인이 금식하고 죄를 속죄하는 날이었어요.

처음에는 아랍 측이 우세했지만, 골란 고원에서 이스라엘 군대가 승리하며 전세를 유리하게 이끌었어요. 결국 아랍 세력을 지원하던 소련은 이스라엘을 지원하던 미국과 교섭을 벌여 전쟁을 중지시켰어요.

1. 젖과 꿀이 흐르는 가나안 땅

구약 성서에 의하면 모세라는 인물이 신의 음성을 듣고 이집트에서 노예로 살고 있는 히브리인들을 '젖과 꿀이 흐르는 약속의 땅'으로 인도해요. 그 약속의 땅이 바로 가나안으로 지금의 팔레스타인이에요. 모세가 히브리인들을 이집트에서 탈출시킨 때는 기원전 13세기쯤으로 보고 있어요. 히브리인들은 기원전 11세기 무렵, 팔레스타인에 이스라엘 왕국을 건설했고 솔로몬 왕 시대에는 찬란한 영화를 누렸어요.

2. 이스라엘의 멸망과 팔레스타인

이스라엘은 솔로몬이 죽은 뒤 이스라엘과 유다로 분열되었다가 각각 기원전 8세기에 아시리아, 기원전 6세기에 신바빌로니아에게 멸망했어요. 그 후 팔레스타인은 기원전 4세기에는 알렉산드로스 대왕 군대의 통치를, 기원전 1세기에는 로마 제국의 지배를 받았어요. 그러던 중 유대 왕국의 중심지였던 예루살렘은 예수 그리스도의 죽음과 부활로 유대교뿐 아니라 크리스트교의 성지가 되었어요.

3. 예루살렘은 우리들의 성지

638년부터 팔레스타인은 이슬람교를 믿는 아랍인의 터전이었어요. 아랍인들은 이슬람교의 창시자인 무함마드가 승천한 곳이 바로 예루살렘이라고 하여 이슬람교의 성지 중 한 곳으로 삼았어요. 12세기 무렵, 잠깐 동안 십자군이 정복한 것을 제외하고는 지배하는 왕조만 바뀌었을 뿐 팔레스타인은 줄곧 이슬람 세력의 지배를 받았어요. 16세기부터는 역시 이슬람 세력에 기초를 둔 오스만 투르크의 지배를 받다가 제1차 세계 대전을 맞았지요.

4. 유대인의 시오니즘 운동

그 동안 나라를 잃고 세계 곳곳에 흩어져 살아온 유대인들은 남의 땅에 살면서도 자신들의 문화와 전통, 신앙을 지키려고 노력했어요. 그러다가 19세기에 들어와 유럽 여러 지역에서 하나의 민족이 하나의 국가를 이루어야 한다는 민족주의 운동이 일어나면서 러시아를 비롯한 여러 나라들로부터 거센 억압을 받았어요. 그러자 유대인들 사이에서는 그들만의 새로운 나라를 건설하자는 운동이 싹트기 시작했지요. 이 운동을 '시오니즘 운동'이라고 해요.

5 패전국이 된 오스만 투르크

유대인들이 국가를 건설하려고 한 곳은 바로 옛날 자신들의 고향이며 예루살렘이 있는 팔레스타인이었어요. 그러던 중에 제1차 세계 대전이 일어나 팔레스타인을 지배하던 오스만 투르크가 독일·오스트리아와 함께 동맹국으로 참전하여 패전국이 되었고, 연합국 측의 영국은 승전국이 되어 팔레스타인 지역을 통치하게 되었어요.

6 〈맥마흔 선언〉과 〈밸푸어 선언〉

1915년, 영국의 이집트 주재 외교관 맥마흔은 오스만 투르크의 지배를 받던 아랍인들에게 "전쟁에서 연합국이 승리하면 아랍인들이 오스만 투르크의 영토에 국가를 세우는 것을 돕겠다."는 선언을 하여 아랍인들이 오스만 투르크에 대항해 싸우게 했어요. 그런데 1917년, 영국의 외무 장관 밸푸어는 유대인에게 "민족의 고향 팔레스타인에 새로운 국가를 건설해 주겠다."는 약속을 했어요.

7 이스라엘 건국과 아랍 세계의 투쟁

제1차 세계 대전이 끝나자 유대인들은 영국의 약속을 믿고 팔레스타인으로 대규모 이주를 했고, 이곳에 정착해 살던 아랍인들과 충돌했어요. 그렇지만 1948년, 영국이 중동 문제의 해결을 포기하고 팔레스타인에서 철수하자 유대인들은 미국의 지원 아래 이스라엘을 건국했고, 아랍 세계 국가들이 이를 반대해 중동 전쟁이 일어났어요. 그 뒤로 이스라엘과 아랍 국가들은 네 차례에 걸쳐 전쟁을 벌였어요.

중동 전쟁의 결과

1977년에 이스라엘과 이집트가 평화 조약을 맺으며 중동에 평화가 깃드는가 싶었어요. 그런데 팔레스타인에서 쫓겨난 아랍인들이 만든 팔레스타인 해방 기구가 빼앗긴 땅을 되찾기 위해 게릴라를 조직하여 이스라엘에게 계속 테러를 벌였어요. 이스라엘은 이에 대한 보복을 가하며 크고 작은 분쟁이 지금까지 이어지고 있지요. 이스라엘·미국과 아랍 세계의 대립으로 팔레스타인뿐 아니라 중동 여러 지역에서는 크고 작은 전쟁이 계속되고 있어요.

전쟁 속 영웅이야기
아랍 민족의 통합을 위해 힘쓴 이집트의 나세르 대통령

1918년, 이집트 알렉산드리아에서 우체국 직원의 아들로 태어난 나세르는 1938년에 육군 사관학교를 졸업하고 육군 소위가 되었어요.

영국의 간섭을 물리치고 아랍 민족의 독립을 이루자!
자유 장교단
2차 세계 대전이 한창이던 때, 그는 이집트의 청년 장교들을 모아 자유 장교단이라는 단체를 조직했어요.

그 후 팔레스타인 전쟁에 참가하여 공을 세우고 조직을 키워 1952년 쿠데타를 일으켜 이집트의 새로운 지도자가 되었어요.

이제 중립을 지키는 외교 정책을 펼쳐 독립 국가의 떳떳한 모습을 보여 주어야 합니다.
중립국

그러기 위해서는 힘이 없는 아시아·아프리카 국가들이 긴밀한 협력 관계를 맺고 힘을 모아야 합니다.
아시아 국가 / 아프리카 국가

1955년에는 유고슬라비아의 티토 대통령, 인도의 네루 총리와 친교를 맺고 중립주의·비동맹주의 외교 정책을 추진했어요.
중립주의 / 비동맹주의 / 외교주의 / 반둥 회의

뭐라고? 아스완 하이 댐 건설 자금을 빌려 주지 않겠다고? 수에즈 운하를 무조건 우리 이집트의 소유로 삼는다!

1956년에는 아스완 하이 댐을 건설하려는데, 영국과 미국의 반대로 자금을 빌릴 수 없게 되자, 그동안 영국의 관리를 받아온 수에즈 운하를 국유화했어요.
수에즈 운하

이에 수에즈 전쟁이 일어나 영국과 이스라엘의 공격을 받았어요. 그러나 국제 여론의 지지를 받아 수에즈 운하를 국유화하는 데 성공했어요. 이를 계기로 나세르는 아시아·아프리카의 지도자로 떠올랐지요.
국유화 성공 / 아시아 / 아프리카

1958년 2월, 시리아와 합병되자 아랍 연합 공화국 대통령으로 선출되었으나, 1961년 9월 시리아에서 쿠데타가 일어나 아랍 통일에는 실패했어요.
시리아 쿠데타 / 아랍 연합 공화국

하지만 "아랍 민족이 힘을 합쳐야 한다!"는 그의 주장은 아랍 세계에 큰 영향을 주었어요. 1970년 9월 그가 심장마비로 죽자, 아랍 세계는 다시 중심을 잃고 분열되었어요.
아랍 세계 / 퍼엉!!

21 미국과 베트남이 맞붙은 베트남 전쟁 (1964~1975년)

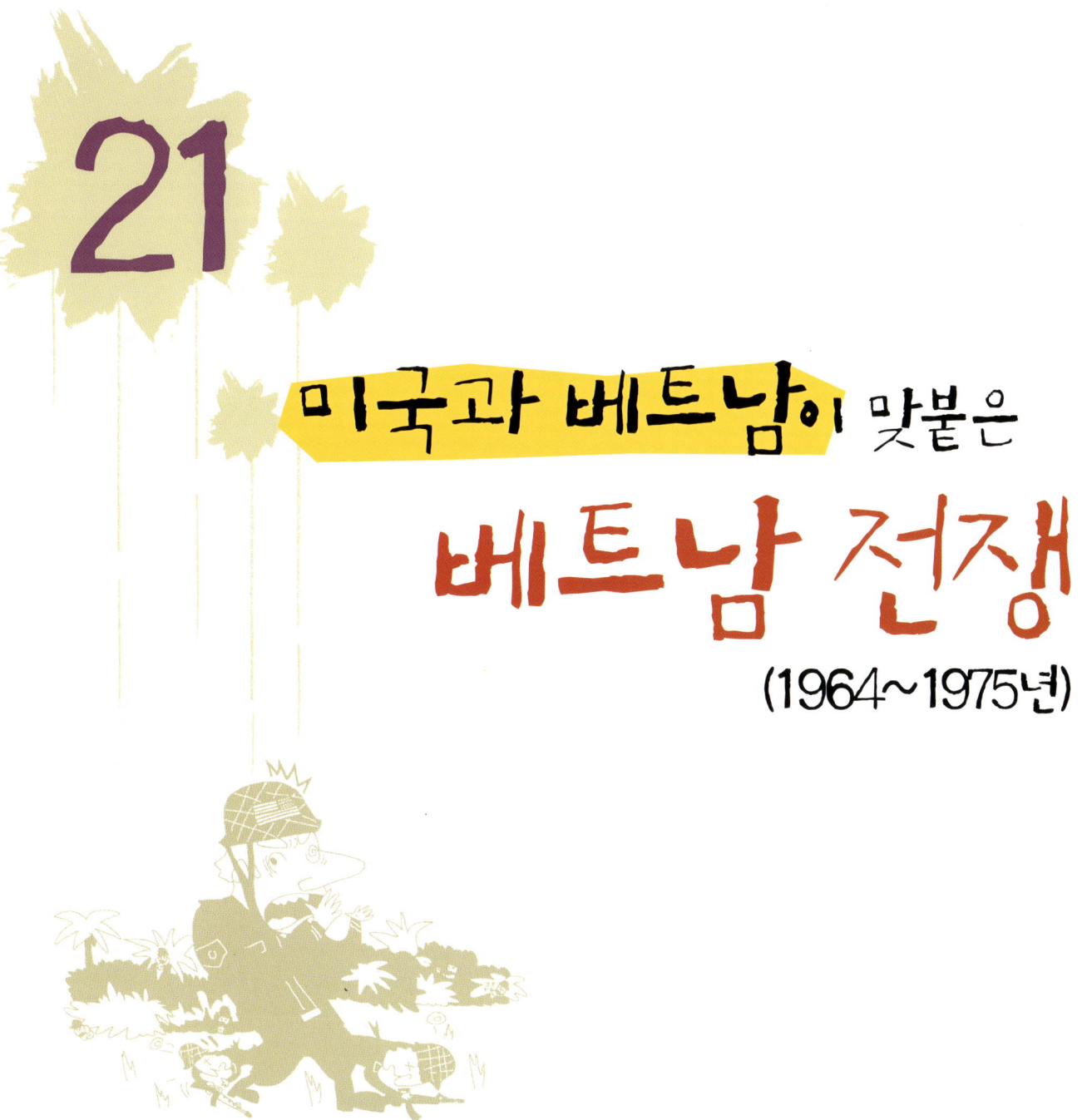

1964년, 동남아시아의 정글 속에서 전쟁이 벌어졌어요. 전쟁을 일으킨 나라는 세계 최고의 강대국이며 군사력 또한 세계 제일인 미국이었지요. 미국의 전쟁 상대는 베트남이었어요. 베트남은 1884년부터는 프랑스의 식민지였으며, 제2차 세계 대전 중에는 일본의 점령을 받았다가 이념의 차이로 남과 북이 분단되어 있던 작고 힘없는 나라였어요.

누가 보더라도 세계 최고의 군사력을 자랑하는 미국이 쉽게 이길 것 같았지만, 예상 밖으로 전쟁은 10년 동안이나 계속되었어요.

베트남의 명절에 일어난 설날 대전투

1968년 1월 30일 새벽, 남베트남의 수도인 사이공을 비롯해 미군이 주둔하고 있던 남베트남의 여러 도시에서 북베트남 군과 베트콩들의 기습 공격이 일제히 시작되었어요.

이날은 '텟'이라고 부르는 베트남 최대의 명절인 설날이어서 대부분의 남베트남 병사들은 고향으로 휴가를 떠났고, 미군 역시 축제 분위기 속에서 휴가를 즐기고 있었지요.

미군 기지와 남베트남 기지에 폭탄이 날아들고 기관총이 발사되었어요. 또한 미군이 머물던 시내 곳

곳에서도 수류탄과 소련에서 개발된 AK소총이 무차별적으로 발사되었어요. 사이공에 있는 미국 대사관은 베트콩의 갑작스러운 공격으로 점령당했지요.

그 다음 날, 미군은 전열을 가다듬어 베트콩과 북베트남 군의 공격을 물리쳤지만 미국 국민들은 큰 충격을 받았어요. 미국에서는 수많은 미국 젊은이들이 희생되는 것을 안타까워하며 베트남 전쟁을 반대하는 운동이 일어나기 시작했어요.

* 베트콩 : 베트남 공산주의자. 베트남의 공산화를 위해 남베트남에서 비정규군으로 소규모 전투를 벌이던 군사 조직.

1. 외세의 침략을 받아온 베트남

베트남은 동남아시아 인도차이나 반도 동부에 위치해 있으면서 아시아의 여러 지역을 연결하는 지리적인 위치로 오랫동안 외세의 침략과 지배를 받아왔어요. 1833년부터 캄보디아, 라오스와 함께 프랑스의 지배를 받았고, 제2차 세계 대전 중에는 일본 군의 지배를 받아야 했지요.

2. 철수하는 프랑스군

1945년, 일본 군이 베트남에서 물러갔지만 다시 프랑스 군이 베트남을 점령했어요. 그러자 공산당 지도자 호찌민을 중심으로 조직된 베트남 독립 동맹이 디엔비엔푸 전투에서 프랑스 군을 크게 격파했고, 프랑스 군은 베트남에서 철수했어요.

3. 남과 북으로 갈라진 베트남

제네바 회담에서 북위 17도 선을 기준으로 베트남을 남과 북으로 나누자, 호찌민을 지도자로 하는 공산주의 정권이 북베트남에 세워졌고, 미국의 지원을 받는 자본주의 정권이 남베트남에 생겼어요.

4. 베트콩의 등장

1960년, 미국의 지원을 받는 남베트남의 고 딘 디엠 정권에 대항하는 베트남 민족 해방 전선이라는 무장 단체가 조직되었어요. 이들을 베트콩이라고 불렀어요. 베트콩은 농촌과 정글에 숨어 지내며 무력 투쟁을 벌였어요. 북베트남은 이들을 지원해 주었지요.

5. 지원군 파병

1961년, 미국은 공산주의 세력이 커지는 것을 막고 민주주의를 지키기 위해 남베트남에 군대를 파병했어요. 대한민국과 필리핀, 타이, 오스트레일리아, 뉴질랜드도 지원군을 파병했지요.

 ## 통킹 만 사건과 미국의 공격 (1964년)

1964년 8월, 미군은 북베트남 통킹 만에서 미국 구축함을 북베트남 잠수함이 공격했다는 사건을 빌미로 북베트남을 공격했어요. 미군은 북베트남의 도시와 농촌은 물론 베트콩이 근거지로 삼고 있던 남베트남의 정글에도 폭격을 가했어요.

 ## 미군을 혼란에 빠뜨린 베트콩 (1968년)

베트콩은 이에 굴하지 않고 정글과 농촌 마을에서 불쑥 나타나 게릴라 전투로 미군을 괴롭혔어요. 그러던 중 1968년 설날 북베트남이 남베트남의 도시들을 기습하는 대전투가 일어났어요. 그 뒤로도 베트콩과 북베트남 군은 큰 희생을 치르면서 계속 미군을 공격했어요.

 ## 미국 사회의 반전 운동과 미군 철수 (1973년)

전쟁은 쉽게 끝나지 않았어요. 젊은이들이 계속 희생되자 미국에서는 전쟁을 반대하는 운동이 거세게 일어났어요. 결국 1973년 1월, 미국은 파리에서 남베트남과 베트콩, 북베트남의 대표들과 모여 평화 협정을 맺고 베트남에서 철수했어요.

 ## 무너진 남베트남 정부 (1975년)

그 뒤에도 남베트남과 베트콩, 북베트남 사이에서 크고 작은 전투가 이어졌어요. 1975년, 미국 대통령이 공식적으로 베트남에서 전쟁을 끝냈다는 선언을 발표하자, 베트콩과 북베트남 군은 남베트남의 수도인 사이공을 총공격해 남베트남 정부를 무너뜨렸어요.

베트남 전쟁의 결과

미국은 베트남 전쟁에서 약 56,000명의 전사자와 20만 명의 부상자가 생겨났고, 큰 전쟁 비용을 지불했어요. 남베트남은 20만 명의 전사자와 50만 명의 부상자가 생겼으며, 북베트남은 전쟁의 피해를 공식적으로 발표하지 않고 있지만 역시 엄청난 피해를 입었어요. 전쟁 뒤 베트남에서는 사회주의 공화국이 세워졌어요.

전쟁 속 영웅 이야기
희생으로 얼룩진 햄버거 힐 전투와 이름 없는 병사들

작전 명령이 떨어졌다. 아샤우 계곡으로 간다.
1969년, 남베트남과 라오스 국경 부근의 아샤우 계곡은 울창한 밀림과 험준한 산봉우리들로 뒤덮여 있었어요.

미군 101공수 사단은 "중간에 불쑥 솟아 있는 937미터 고지를 점령하라."는 작전 명령을 받았고, 드디어 공격을 개시했어요. 작전 개시일은 5월 10일. 미군은 대규모 포격을 퍼부었어요.

헬기를 타고 착륙한 400여 명의 미군들이 고지를 향해 돌격했어요.

그렇지만 보이지 않는 곳에서 총알이 마구 날아왔어요. 수풀 속에서 날아오는 북베트남 군의 단거리 로켓포에 미군의 헬기가 격추되기도 했어요.

미군은 고지를 점령하려고 애썼지만 적의 규모와 정확한 위치를 알 수 없어 무척 애를 먹었어요.

결국 10일간에 걸친 11차례의 치열한 전투 끝에 미군은 937미터의 고지를 점령했어요.

그때 한 미군 병사가 그곳에 죽어 있는 수많은 이름 없는 병사들의 시체를 보며 널빤지에 어떤 글자를 새겼는데

바로 '햄버거 힐'이었어요. 전투에서 죽은 시체들이 마치 햄버거처럼 쌓여 있는 언덕이라는 의미였어요.

그 후 이곳의 참혹한 전투가 텔레비전 등 각종 언론을 통해 미국인들에게 알려지게 되었고

승패를 떠나 베트남 전쟁에 대한 비난과 반대 운동이 거세게 일어났어요.

베트남 전쟁 역시 다른 수많은 전쟁들처럼 사람들이 애써서 일구어 놓은 삶의 터전이 파괴되었고, 소중한 생명들이 안타깝게 희생되었지요.

앗! 재미있는 세계 전쟁 상식 33가지

1. 인류는 언제부터 전쟁을 했을까?

석기 시대부터 종족 사이에 분쟁이 일어나고 약탈을 하는 등 크고 작은 전쟁을 벌였지요. 청동기 시대에 농사를 지어 생산물이 생기고, 전쟁에 쓰일 무기를 금속으로 만들면서 전쟁은 크게 늘어났어요. 그 과정에서 노예와 계급이 생겨났지요.

2. 역사에 기록된 가장 오래된 전쟁은?

기원전 1299년, 람세스 2세가 다스리는 이집트와 히타이트 민족이 벌인 전쟁으로 글과 그림으로 기록이 남아있어요. 이집트의 군사는 약 2만 명, 히타이트의 군사는 약 3만 5천 명이었지요. 양쪽 군대는 카데시에서 어마어마한 전투를 벌였어요. 6,000대가 넘는 전차가 등장했고, 히타이트 군사들은 철제 무기를 사용했어요. 기원전 1270년에 평화 협정을 맺은 기록도 있어요.

3. 전쟁과 전투의 차이점은?

전쟁은 국가와 국가 사이, 또는 민족과 민족 사이에 무력을 사용해 벌이는 다툼을 말해요. 전투는 전쟁 중에 군대와 군대가 충돌하는 것으로, 전쟁이나 군사 작전 중에 특정한 시간과 장소에서 일어난 싸움을 가르키지요.

앗! 재미있는 세계 전쟁 상식 33가지 **145**

4. 신화에 등장하는 전쟁의 신에는 누가 있을까?

그리스 신화에서는 제우스와 헤라 사이에서 태어난 외아들 아레스가 전쟁의 신이며, 로마 신화에서는 아레스를 마르스라고 불렀어요. 중국 신화에서는 치우천왕이 전쟁의 신으로, 북유럽에서는 티르가 전투의 신으로 그려져 있어요. 인도 신화에서는 시바 신의 아들인 스칸다가 전쟁의 신이며, 이집트는 세크메트라는 여신이 전쟁을 무척 좋아하는 신으로 알려져 있어요.

5. 고대 전쟁에서 등장한 전차는 누가 끌었을까?

기원전 3000년 무렵, 쐐기 문자를 만들고 메소포타미아 문명을 일구어 낸 수메르 인들은 당나귀가 끄는, 바퀴가 4개 달린 수레를 만들었어요. 또한 나일 강 유역에서 문명을 꽃피운 이집트 인들도 전차를 만들어 전쟁에 사용했는데, 가벼운 갈대로 만들었어요. 나귀 두 마리가 끌었고, 그 위에서 4명의 병사가 전투를 벌였어요. 한 명은 전차를 몰고, 한 명은 긴 창으로 적군을 공격했으며, 나머지 두 명은 투창을 던졌을 것으로 짐작하고 있지요.

6. 올림픽 기간에도 전쟁을 했을까?

고대 그리스에서는 전쟁을 하다가도 올림픽 기간이 되면 모든 전쟁을 중지하고 잠시 휴전을 했어요. 평화의 정신을 강조하는 올림픽 기간에는 그 정신에 따라 폭력과 살인이 이루어지는 전쟁을 멈춘 것이랍니다. 하지만 20세기에 일어난 제1·2차 세계 대전 때에는 반대로 전쟁 때문에 세 번이나 올림픽이 중단되었답니다.

7. 화성을 왜 마르스라고 부를까?

로마 건국 신화에 따르면 로마를 세운 로물루스와 레무스라는 쌍둥이 형제는 전쟁의 신 마르스와 인간이었던 왕녀 레아 실비아 사이에 태어났어요. 마르스는 농사의 신이기도 하는데 영어로 3월인 March의 어원이 마르스지요. 화성을 마르스라고 부르는 것도 지구에서 붉게 보이는 화성이 마치 피로 물든 전쟁터를 생각나게 해서, 이름을 붙인 것에요.

8. 기병은 언제부터 전쟁에 등장했을까?

기병은 말을 타고 전투하는 병사를 말해요. 기병 부대가 처음으로 참가한 것은 기원전 6세기 무렵이에요. 기원전 525년 이집트와 페르시아 사이의 전투에서 이집트 군대는 기병 부대를 활용했어요. 기원전 4세기에 그리스를 지배한 마케도니아의 필리포스 2세는 세 종류의 기병 부대를 갖추고 각각 기동력과 돌파력을 발휘하게 해 적을 포위하고 측면을 돌파하는 작전으로 늘 승리를 거두었어요.

9. 세계 역사상 가장 긴 전쟁은?

중세 시대 십자군 전쟁을 들 수 있어요. 이슬람 세력과 교황을 중심으로 한 서유럽 기독교 국가들 사이에 벌어진 전쟁이지요. 1096년 십자군의 예루살렘 원정을 시작으로 1270년까지 계속되었어요. 무려 200여 년에 걸쳐 전쟁이 치러졌지요. 물론 계속해서 전쟁을 치른 것이 아니라 전쟁의 당사자들이 시대에 따라 바뀌며 중간에 전쟁을 치르지 않은 때가 더 많았어요. 어쨌든 이슬람 세력과 십자군이라는 이름으로 모인 서유럽의 여러 군대가 200년 동안 대립한 거랍니다.

10. 세계 역사상 가장 짧았던 전쟁은?

1896년, 영국과 아프리카의 잔지바르 왕국 사이에 벌어진 전쟁이에요. 잔지바르는 아프리카 동쪽 지금의 탄자니아에 있는 섬으로, 이슬람 세력의 지배를 받다가 1861년부터는 오만에서 분리된 조그만 왕국이에요. 1896년 8월 25일, 왕국을 다스리던 하마드 술탄이 죽자 그의 조카 할리드가 쿠데타를 일으켜 권력을 잡았으나, 영국이 이를 인정하지 않았어요. 그러자 할리드는 영국에게 선전 포고하고 전쟁을 일으켰어요. 이때 모인 군인의 수는 고작 2,800명과 군함 1척이었어요. 마침 그 부근에 머물던 영국 군함대가 두 발의 대포를 쏘아 잔지바르의 낡은 전함을 격침시켰고, 왕궁도 파괴했어요. 그때까지 걸린 시간이 37분에서 45분 정도라고 해요.

11. 축구 때문에 전쟁이 일어났다고?

1969년 7월 14일, 중앙아메리카의 온두라스와 엘살바도르가 멕시코 월드컵 남미 지역 예선전을 벌였는데, 상대팀에 대한 감정이 격렬해져 전쟁이 일어났어요. 이 전쟁을 축구 때문에 일어난 전쟁이라고 하여 '축구 전쟁'이라고 불러요. 그러나 단순히 축구 때문만은 아니었어요. 1969년에 온두라스 정부가 농지 개혁을 실시하는 과정에서 엘살바도르 난민 수만 명을 추방한 것이 원인이었지요.
이웃 국가들의 중재로 5일 만에 전쟁은 끝났지만 두 국가 모두 큰 피해를 입었어요. 축구 예선 결과는 엘살바도르가 승리했답니다.

12. 세계 4대 해전은 무엇일까?

바다에서 벌이는 전투를 해전이라고 해요. 세계 4대 해전은 기원전 480년 그리스 해군이 테미스토클레스 장군의 활약으로 페르시아 함대를 물리친 〈살라미스 해전〉, 1588년 영국 해군이 하워드 제독의 활약으로 에스파냐 무적함대를 물리친 〈칼레 해전〉, 1592년 조선 수군이 이순신 장군의 학익진 전법으로 왜군을 물리친 〈한산도 대첩〉, 1805년 영국 해군이 넬슨 제독의 지휘 아래 프랑스-에스파냐 연합군을 물리친 〈트라팔가르 해전〉이에요.

13. 종을 만들던 사람들이 대포를 만들었다고?

유럽에서 대포를 처음 만든 사람들은 종을 제작하는 사람들이었다고 해요. 14세기 후반에는 청동과 놋쇠로 만든 대포가 나왔고, 15세기에는 이동을 쉽게 하기 위해 바퀴가 장착된 대포가 만들어졌어요.

14. 총은 어떻게 만들었을까?

총은 대포를 조그맣게 줄인 것으로부터 시작되었어요. 처음에는 대포와 마찬가지로 화약을 장전한 다음 불을 직접 붙여야 발사되었어요. 15세기쯤에 방아쇠가 달렸고 화약 심지인 화승을 이용해 점화하는 화승총이 발명되었어요. 화승총은 전투의 흐름을 좌우하는 중요한 무기가 되었어요. 비록 장전 시간이 길고 비가 와서 화약에 습기가 차면 사용할 수 없다는 단점이 있었지만, 그 위력은 당시로서는 대단했지요.

총은 점점 발달해 16세기에는 부싯돌을 이용해 점화하는 총이 개발되었고, 19세기 중엽에는 실탄만 넣고 연속으로 발사 할 수 있는 총이 등장했어요. 19세기 말에는 한꺼번에 수백 발씩 쏠 수 있는 기관총이 등장했지요. 총기의 등장과 발달로 전투 모습과 전술이 크게 바뀌었어요.

15. 전쟁에 처음 등장한 공중 폭격기는 열기구였다고?

전쟁에 처음 등장한 비행기구는 열기구였어요. 나폴레옹 전쟁 때 프랑스에서 열기구를 타고 영국의 상공에서 폭탄을 떨어뜨리는 폭격을 시도했어요. 하지만 영국 소총수가 쏜 총알에 맞아 열기구는 격추되었고, 조종사들은 포로가 되었어요.

16. 제1차 세계 대전 중 독일이 개발한 신무기는?

1900년, 독일의 체펠린이 알루미늄으로 비행선을 만들어 시험 운행을 했어요. 300미터의 고도에서 18분 동안이나 비행을 했지만 고장으로 추락했어요. 그 뒤로 체펠린은 비행선을 계속해서 개발했고, 그가 개발한 비행선은 제1차 세계 대전에 신무기로 등장했어요.

17. 공습은 언제부터 시작되었을까?

공중에서 적의 진영을 폭탄 등의 무기로 습격하는 것을 공습이라고 해요. 처음으로 공습을 한 것은 1849년 7월 당시 북이탈리아를 지배하던 오스트리아 군이 독립을 원하는 이탈리아 세력을 탄압하기 위해 기구를 이용해 베네치아를 공격한 거예요.

그 후 항공기가 발달하고 폭격기가 대형화되면서 공습은 중요한 군사 작전 중의 하나가 되었어요. 제2차 세계 대전 때 미국은 일본 히로시마와 나가사키에 원자 폭탄을 떨어뜨리는 공습을 펼쳐 일본의 항복을 받아냈어요.

18. 미사일이란 어떤 무기일까?

미사일은 돌, 투창 등 집어 던지는 무기와 화살, 총알 등 날아가는 모든 무기를 뜻해요. 오늘날에는 로켓이나 제트 엔진 등 목표물에 도달할 때까지 유도되는 무기를 말해요. 미사일의 본격적인 연구와 개발은 제2차 세계 대전 때 독일에 의해 이루어졌어요.

19. 최초의 잠수함은 나무로 만들어졌다?

바다속을 항해하며 적을 공격하는 군함을 잠수함이라고 해요. 최초의 잠수함은 네덜란드 출신의 영국 발명가 드레벨이 발명했어요. 나무로 된 선체에 짐승의 가죽을 씌워서 노를 젓게 되어 있었어요. 그는 1620년에서 1624년에 걸쳐 템스 강에서 약 3m 깊이를 수차례 잠수하여 항해에 성공했어요.

전투에 처음으로 사용한 잠수함은 1776년 미국 독립 전쟁 때 뉴욕 항에서 영국 군함을 공격한 미국 독립군의 잠수함이에요. 터틀이라는 이름의 이 잠수함은 '거북'이란 뜻으로, 미국 예일대 학생이었던 데이비드 부시넬이 만든 1인용 잠수함이에요.

20. 디데이란?

디데이(D-day)라는 말은 제2차 세계 대전 때 연합군이 독일 군이 점령하고 있던 프랑스 북부를 공격하기 위하여 노르망디에 상륙을 시작한 1944년 6월 6일을 보안상 D-day라고 부르면서 비롯되었어요.

21. 용병이란?

용병은 돈을 받고 군대에 복무하거나 전쟁터에 나가 싸우는 병사를 말해요. 고대 그리스의 도시 국가인 폴리스와 고대 로마 제국에서 용병을 사용했어요. 또 로마와 전쟁을 벌인 카르타고의 장군 한니발도 용병을 썼다고 해요.

용병은 특히 중세 때 크게 활약했는데, 12~13세기에 경제가 발달하면서 돈에 의한 계약 제도가 성행했고, 하급 귀족이나 기사들을 중심으로 생겨났어요.

앗! 재미있는 세계 전쟁 상식 33가지 **151**

22. 지금도 용병이 있을까?

17세기부터 절대 군주제가 생기고, 용병이 국왕의 상비군으로 정착하면서부터 점차 사라졌어요. 18세기 말부터, 용병은 대부분 개인적인 모험이나 이익을 위해 어디든지 가서 싸우는 군인으로 바뀌었어요.

바티칸 교황청에서 고용하고 있는 스위스 용병과 1831년 프랑스 국왕 루이 필립 1세가 식민지였던 알제리의 반란을 진압하기 위해 5개 대대 규모의 용병으로 만든 프랑스 외인 부대는 지금까지도 활동하고 있어요.

23. 최초 종군 기자는 누구?

전쟁터에서 군대를 따라다니며 보도하는 신문 기자나 촬영 기자, 작가, 화가 등의 특파원을 종군 기자라고 해요. 세계 최초의 종군 기자는 영국 신문인 〈런던 타임스〉의 러셀 기자로, 크림 전쟁에 나가 전쟁터의 참혹한 상황을 생생하게 보도했어요. 나이팅게일이 그의 기사를 보고 전쟁터로 나가 부상당한 병사들을 간호했답니다.

24. 동물도 전쟁에 등장했다고?

전쟁에는 사람들만 등장한 것이 아니에요. 말은 기병을 이루는 중요한 도구였고, 알렉산드로스 동방 원정과 포에니 전쟁에서는 코끼리가 전투의 중요한 공격 무기이기도 했어요. 자기 집을 찾아오는 비둘기의 귀소본능을 이용하여 통신용으로 비둘기를 훈련시켜 통신병으로 활약하게 했으며, 개를 군견으로 훈련시켜 적의 침입이나 폭탄을 찾는 역할을 맡기기도 했지요.

현대에도 돌고래, 낙타, 바다사자 등을 훈련시켜 적의 화학 공격을 미리 알아내는 데 사용해요.

25. 전투 식량으로 무엇이 있을까?

전쟁 중에 병사들이 간편하게 지니고 다니며 먹을 수 있도록 만든 식량을 전투 식량이라고 해요. 전쟁에서 병사들이 뛰어난 활약을 펼치며 승리를 거둔 국가나 군대는 전투 식량을 개발해 전투를 유리하게 이끌었어요.

비스킷은 곡물을 그대로 구워 말린 영국 군의 전투 식량이었으며, 고기를 얇게 썰어 양념을 한 뒤 막대기에 수직으로 감아 회전시켜 가며 구운 케밥은 터키 병사들의 전투 식량에서 유래된 음식이에요. 중국 군이 면을 튀겨서 갖고 다니며 먹은 것에서 라면이 유래되었다는 이야기도 있으며, 몽골 군이 양의 내장에 고기를 채워 전투 식량으로 사용한 것이 순대의 유래라는 이야기도 있어요.

26. 프랑스 군대의 비밀 무기는 병조림?

1804년 나폴레옹은 프랑스 산업장려협회를 통해 상금 1만 2천 프랑을 걸고 프랑스 군이 기동력을 높여 전쟁에서 승리하는 데 도움이 되는 발명품 경진 대회를 열었어요.

이때 니콜라 아페르가 양배추와 당근, 양파 등을 샴페인 병에 담아 코르크 마개로 막은 병조림을 출품했어요. 이것이 당선되어 프랑스 군대에 보급되기 시작했지요.

병조림은 음식이 쉽게 상하지 않고, 휴대하기가 쉬우며, 무겁게 취사도구를 가지고 다니지 않아도 되어 식량으로 좋았지요.

27. 영국에서 개발한 통조림은?

영국에서는 프랑스 군의 병조림을 능가할 만한 전투 식량을 개발하려고 노력했어요. 그러던 중 피터 듀란드라는 기계공이 깡통에 음식을 담는 통조림을 개발했어요. 프랑스의 병조림은 유리라서 깨질 수 있지만 통조림은 깨지지 않으면서 무게도 가벼웠어요.

그래서 영국의 해군과 선원들에게 인기가 많았고 그 뒤 미국을 중심으로 발전을 거듭해 전투 식량으로서뿐 아니라 식품 산업에도 엄청난 영향을 끼쳤어요.

28. 게릴라 전투란 무엇일까?

게릴라는 '소규모 전투'를 뜻하는 말로, 나폴레옹이 에스파냐를 원정했을 때 에스파냐 사람들의 무장저항을 게릴라라고 부른 데서 비롯되었어요. 게릴라 전투는 적이 점령·지배하고 있는 지역에서 정규군이 아닌 주민 등으로 이루어진 집단이 기습·습격 등을 감행하는 전투나 전쟁을 말해요.

29. 암호는 어떻게 등장했을까?

전쟁에서 암호는 곧 군사 작전의 생명과도 같은 것이었어요. 암호는 통신 보안을 위해 약속된 방법으로 사용자 사이에서만 알 수 있도록 체계적으로 변형시킨 기술, 문자, 기호, 숫자 등을 가리켜요.

암호가 처음 등장한 것은 고대 그리스 스파르타에서 사용한 스키탈레 암호예요. 통신문을 기록할 때 사용한 것과 동일한 지름을 가진 원통에 감아 보면 내용을 읽을 수 있게 고안된 암호이지요.

또한 로마 제국의 카이사르는 전달받고자 하는 통신문의 글자를 그대로 사용하지 않고 그 글자보다 알파벳 순서로 몇 번째 뒤, 또는 앞의 글자로 바꾸어 기록하는 방식의 암호를 만들었다고 해요.

30. 일본 군의 암호 '도라, 도라, 도라'는 무슨 뜻일까?

일본이 진주만 공격에 사용한 것으로 흔히 알고 있는 '도라, 도라, 도라' 암호는 실제로 공격 개시를 알리는 암호가 아니라 성공적으로 공격을 완수했다는 암호였어요. 실제로 공격 개시 암호는 돌격을 뜻하는 '도, 도, 도'였어요. '도라, 도라, 도라'라는 암호가 더 유명하게 된 것은 1970년 미국에서 일본의 진주만 공격을 소재로 제작한 영화 제목이 'Tora! Tora! Tora!(도라! 도라! 도라!)'였기 때문이에요. 도라는 일본말로 '호랑이'라는 뜻이에요.

31. 치고 박고 찌르는 백병전은 무엇일까?

칼, 총검 등의 비발사식 무기를 이용해 양측의 병사가 뒤얽혀 싸우는 형태의 싸움을 백병전이라고 해요. 병사 한 명 한 명이 총을 갖지 못했던 근세 이전의 전투에서는 대부분의 전투가 백병전으로 치러졌어요. 하지만 개인 무기의 화력이 강해진 현대 전투에서는 양쪽 군대의 사이에서 백병전으로 승부를 겨루는 일은 거의 볼 수 없게 되었답니다.

32. 인류 역사상 최고의 무기는?

외국의 유명한 다큐멘터리 방송 채널에서 이런 프로그램을 제작한 적이 있었어요. 무기 전문가들은 활, 창, 대포, 총, 비행기 등 다양한 무기들의 성능과 파괴력에 대해 설명을 하고 나름대로 순위를 매겼어요. 하지만 모든 무기 전문가들이 인류 역사상 최고의 무기로 '인간'을 꼽았어요. 무기 전문가들은 "스스로 승리의 기회를 만들 수 있는 사람의 몸과 마음이 최고의 무기이며 나머지는 도구에 불과할 뿐이다."라고 입을 모았지요.

33. 전쟁으로 난민이 된 어린이들은 얼마나 될까?

전쟁 때문에 가족과 집을 잃고 어려움에 처한 사람들을 전쟁 난민이라고 해요.

세계 어린이 구호 기관의 조사를 인용한 영국의 한 신문 기사에 따르면 2000년 현재, 전쟁이나 내전 등으로 전세계에서 무려 2000만 명의 어린이가 전쟁 난민이 되어 거리를 떠돌거나 고통받고 있다고 해요. 이 가운데 700만 명은 다른 나라에 피신해 있고, 나머지 1300만 명은 자기 나라 안에서 고통을 당하고 있어요. 어린이 난민은 아시아, 아프리카, 아메리카뿐 아니라 유럽에 이르기까지 세계에 걸쳐 있으며 아무런 죄도 없이 단지 전쟁 때문에 기아와 가난, 공포와 고통에 허덕이고 있어요.